cap → **ecn**

Collection dirigée par Clara Fontaine-Delaruelle & Sébastien Couraud

Physiopathologie
à l'ECN

Abdallah **Fayssoil**

ellipses

Dans la collection « Cap ECN » :

- *80 examens biologiques pour l'ECN* de Lilian Alix.
- *99 examens complémentaires pour l'ECN* de Marion Husser.
- *1 000 mots-clés pour l'ECN* d'Alexandra Mouallem.
- *1 000 moyens mnémotechniques pour l'ECN*
  de Julien Havet, Armando Fabien, Yannick Walrave.
- *ABCDaire des médicaments à l'ECN* de Laurent Faroux.
- *Chiffres clés à l'ECN – chiffres, calculs, scores et classifications*
  d'Asma Bekhouche.
- *Diagnostics différentiels à l'ECN* d'Asma Bekhouche.
- *La chirurgie à l'ECN* d'Arnaud Baldini et Camille Choufani.
- *L'ECN en quiz* de Clara Fontaine-Delaruelle,
  Chloé Laurencin, Pauline Rochefort.
- *L'ECN en 1 000 questions fermées* d'Alexandra Sellam et Jérémy Smadja.
- *L'ECN en tiroirs* de Carole Ratour et Daphné Denis.
- *Étiologies et facteurs de risques à l'ECN* d'Asma Bekhouche.
- *Guide des classifications et scores à l'ECN* d'Aurélie Chabrol.
- *SOS ECG !* de Abdallah Fayssoil.
- *SOS ECN : réviser les « intombables », éviter les pièges
  et gagner des points* de Guillaume Baudry et Robert Fahed.
- *SOS LCA !* de Sara Naoum.
- *Tous les mots-clés à l'ECN* d'Asma Bekhouche.
- *Trucs et astuces à l'ECN* de Clara Fontaine-Delaruelle.

ISBN 978-2-7298-8246-4
© Ellipses Édition Marketing S.A., 2013
32, rue Bargue 75740 Paris cedex 15

www.editions-ellipses.fr

SOMMAIRE

PRÉFACE

La physiopathologie occupe une place capitale dans l'apprentissage médical. Elle permet de comprendre la logique de prescription des examens complémentaires et des classes thérapeutiques dans les pathologies médicales. William Osler disait « Étudier les phénomènes des maladies sans les livres est comme naviguer sur un océan sans carte. » Dans le cadre de la préparation aux ECN, cet ouvrage didactique permettra à l'étudiant en médecine d'acquérir les notions importantes pour la réussite au concours. Les items sont classés de façon à pouvoir progresser selon les différents modules du programme.

Bon courage.

A. Fayssoil

Item 231. Physiopathologie du rétrécissement aortique calcifié.

1. Introduction

▷ Le rétrécissement aortique calcifié (RAC) est la valvulopathie de l'adulte la plus fréquente dans les pays occidentaux. Il touche surtout les sujets âgés

▷ Sa prévalence est estimée entre 2 et 7 % chez les patients de plus de 65 ans

▷ Un RAC serré est défini par une surface aortique inférieure à 1 cm^2

▷ Le pronostic spontané est péjoratif en l'absence de chirurgie chez le patient symptomatique

2. Physiopathologie du RAC

▷ La sténose aortique est à l'origine d'un obstacle à l'éjection systolique du VG avec comme conséquence la survenue d'une surcharge de pression

▷ L'élévation de la post-charge du VG entraîne l'apparition d'une hypertrophie concentrique du VG avec augmentation de l'épaisseur pariétale

▷ L'hypertrophie du VG a pour objectif de normaliser la contrainte pariétale, d'après la loi de Laplace : contrainte = pression x rayon/épaisseur de paroi

▷ Cependant, l'hypertrophie du VG présente un coût avec apparition de :
  • Anomalies de la compliance du VG, à l'origine d'une dysfonction diastolique du VG avec élévation des pressions de remplissage (risque d'OAP)
  • Une augmentation de la consommation en oxygène du VG. Un tableau d'angor fonctionnel peut alors être présent par inadéquation entre les apports et les besoins en O_2 du VG
  • Réduction du flux sanguin coronaire
  • Survenue secondaire de dysfonction systolique du VG

▷ En aval de la sténose aortique, apparition d'une hypotension aortique surtout à l'effort et baisse du débit de perfusion systémique et cérébrale à l'origine de manifestations neurologiques à type de lipothymie ou syncope

3. Implication clinico-thérapeutiques

▷ Apport de l'échocardiographie Doppler
  • Confirmation du diagnostic de RAC serré
  • Évaluation de la gravité : par la mesure du gradient trans-valvulaire aortique et calcul de la surface aortique
  • Analyse du retentissement au niveau du VG (calcul de la FEVG)
  • Analyse du mécanisme et de l'étiologie (maladie de Monckeberg, bicuspidie aortique, cause rhumatismale)
  • Diagnostic différentiel : éliminer une sténose sous-valvulaire (membrane)

▸ RAC serré
- Gradient moyen > 50 mmHg
- Surface aortique (équation de continuité) < 1 cm^2/m^2
- Indice de perméabilité < 0,25

▸ Chirurgie systématique chez le patient symptomatique avec RAC serré

▸ Recommandations américaines ACC/AHA 2006 : degré de sévérité du RAC en échocardiographie Doppler (cf. tableau 1)

RAC serré	– Surface < 1 cm^2 – Gradient moyen > 40 mmHg – Vitesse max > 4 m/s
RAC modéré	– Surface entre 1 et 1,5 cm^2 – Gradient moyen entre 25 et 40 mmHg – Vitesse max entre 3 et 4 m/s
RAC minime	– Surface > 1,5 cm^2 – Gradient moyen < 25 mmHg – Vitesse max < 3 m/s

Tableau 1 : Degré de sévérité du RAC

Item 231. Physiopathologie de l'insuffisance aortique.

1. Introduction

▸ L'insuffisance aortique est une valvulopathie qui peut se compliquer d'endocardite, d'insuffisance cardiaque aiguë ou chronique, d'œdème aigu du poumon

▸ On distingue :
- L'insuffisance aortique aiguë : le tableau clinique est brutal (OAP)
- L'insuffisance aortique chronique : le tableau clinique est d'installation progressive

2. Physiopathologie

■ Mécanismes de l'insuffisance aortique

▸ **3 mécanismes peuvent être à l'origine d'une fuite aortique**
- Destruction du tissu valvulaire aortique
- Défaut de coaptation diastolique des sigmoïdes aortiques
- Dilatation de l'anneau valvulaire aortique

▸ **La fuite aortique est influencée par :**
- Le gradient de pression diastolique entre l'aorte et le ventricule gauche
- La surface fonctionnelle de l'orifice aortique en diastole
- La durée de la diastole

■ Mécanismes d'adaptation dans l'insuffisance aortique chronique

▸ La fuite aortique est à l'origine d'une surcharge volumétrique dans le ventricule gauche (VG)

▸ Le VG s'adapte en se dilatant progressivement. Cette dilatation du VG va être à l'origine d'une augmentation du volume télé-diastolique (VTD) du VG

▸ L'augmentation du VTD du VG entraîne :
- Une augmentation du volume d'éjection systolique (VES), le VES étant la différence entre le VTD du VG et le VTS (volume télé-systolique) du VG
- Une augmentation du débit cardiaque, le débit cardiaque étant le VES x fréquence cardiaque
- Une augmentation de la tension pariétale du VG, à cause de l'augmentation du rayon de la cavité du VG
- L'apparition d'une hypertrophie pariétale, conséquence de l'élévation de la tension pariétale

▸ Cette hypertrophie du VG entraîne une anomalie de la compliance du VG, à l'origine d'une élévation des pressions de remplissage du VG et d'un tableau d'œdème pulmonaire

▸ Ces mécanismes d'adaptation permettent une bonne tolérance fonctionnelle pendant de nombreuses années, mais les altérations du muscle cardiaque évoluent progressivement vers l'irréversibilité avec majoration de la dilatation ventriculaire, altération de la fonction systolique du VG et chute du débit cardiaque

▸ Dans l'insuffisance aortique aiguë, le VG n'a pas le temps de s'adapter à la surcharge volumétrique aiguë. Il en résulte une élévation rapide des pressions de remplissage avec élévation de la pression capillaire pulmonaire à l'origine d'un tableau d'œdème aigu du poumon

3. Implications clinico-thérapeutiques

▸ Les patients restent longtemps asymptomatiques grâce à la dilatation progressive du VG

▸ La survenue de symptômes est un facteur de mauvais pronostic

▸ Chez le patient symptomatique, la chirurgie s'impose

▸ Il est important de surveiller la fraction d'éjection du VG et le diamètre du VG chez le patient asymptomatique avec insuffisance aortique sévère

▸ Chirurgie à proposer chez le patient asymptomatique avec insuffisance aortique sévère si :
- Diamètre télé-systolique (DTS) du VG > 50 mm ou > 25 mm/m^2
- Ou DTD du VG > 70 mm
- Ou FEVG < 50 %

▸ Ne pas oublier de mesurer le diamètre de l'aorte ascendante en échocardiographie

1. Introduction

▶ L'insuffisance mitrale (IM) est une valvulopathie fréquente

▶ Elle peut être :
- Organique : suite à une lésion au niveau des feuillets mitraux
- Fonctionnelle : secondaire au remodelage du VG, conséquence d'une cardiomyopathie dilatée ou d'une cardiopathie ischémique

2. Physiopathologie

▨ Anatomie de la valve mitrale

L'appareil valvulaire mitral est composé de 2 feuillets valvulaires, d'un anneau mitral, de cordages et de piliers.

▶ **L'anneau mitral** présente une forme ovalaire (en selle de cheval) avec un grand axe inter commissural et un petit axe antéropostérieur. L'anneau présente une partie rigide (insertion du feuillet antérieur) et une partie souple (insertion du feuillet postérieur). En cas de dilatation de l'anneau, ce sont les deux tiers postérieurs qui s'étirent, provoquant un éloignement progressif des deux valves. En se dilatant, l'anneau prend alors une forme circulaire

▶ **2 feuillets valvulaires** : un feuillet mitral antérieur (grande valve) et un feuillet mitral postérieur (petite valve). La valve mitrale antérieure s'implante sur un tiers de la circonférence de l'anneau et la valve mitrale postérieure occupe les deux tiers restants. Les 2 valves sont séparées par les commissures interne et externe (proche de l'auricule gauche). La surface de coaptation est un élément déterminant dans la physiopathologie de l'insuffisance mitrale. Pour l'analyse des mécanismes d'une fuite mitrale, il a été établi une segmentation des valves. Ainsi, la valve mitrale postérieure est constituée de 3 segments : P1 (partie externe, proche de l'auricule gauche), P2 (feuillet médian) et P3 (proche de la commissure interne, de l'anneau tricuspide). La valve mitrale antérieure est aussi constituée de 3 segments : A1, A2, A3

▶ **2 piliers** : pilier postéro médian et pilier antérolatéral

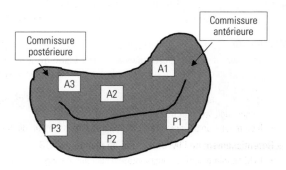

Figure 1 : Valve mitrale avec la segmentation mitrale.
On distingue 3 segments anatomiques du feuillet postérieur :
P1 (proche de l'auricule gauche), P2 (médian), P3 (proche de l'anneau tricuspide)
et 3 segments anatomiques du feuillet antérieur : A1, A2 et A3

▨ Mécanismes des insuffisances mitrales

On distingue 3 mécanismes, selon la classification de Carpentier :

- **Type I** : fuite mitrale par dilatation de l'anneau ou performation valvulaire
- **Type II** : fuite mitrale par prolapsus valvulaire (excursion au-delà du plan de coaptation normal, du bord libre valvulaire en systole)
- **Type III** : fuite mitrale par restriction valvulaire (limitation du mouvement valvulaire empêchant le retour de la valve sur le plan de coaptation)

À savoir : l'insuffisance mitrale entraîne aussi à long terme une dilatation de l'anneau qui, à son tour, aggrave la fuite mitrale

▨ Physiopathologie de l'IM

▷ L'insuffisance mitrale est à l'origine d'une surcharge volumétrique du VG et de l'OG (oreillette gauche)

▷ De ce fait, elle entraîne une augmentation de la précharge et une diminution de la post-charge

▷ Dans l'IM aiguë, il existe une augmentation brutale des pressions pulmonaires à l'origine d'un tableau d'œdème aigu du poumon

▷ **Retentissement de l'IM chronique au niveau du VG**

- Dans l'IM chronique, l'éjection systolique du VG se fait vers l'OG et vers l'aorte
- Il existe un mécanisme d'adaptation du VG par dilatation du VG secondaire à la surcharge diastolique (loi de **Starling**) afin de maintenir un débit cardiaque suffisant, par augmentation du VES (volume d'éjection systolique)
- Cette dilatation du VG finit par entraîner une dilatation de l'anneau mitral, ce qui aggrave la fuite mitrale
- Il en résulte un phénomène d'auto-aggravation de la pathologie

▷ **Retentissement de l'IM chronique au niveau de l'OG**

- L'OG se dilate suite à l'augmentation du volume sanguin dans l'OG, à cause de la fuite mitrale
- Cette dilatation de l'OG va être à l'origine d'anomalies de la compliance de l'OG et de survenue de fibrillation auriculaire

▷ **Retentissement de l'IM chronique au niveau du cœur droit**

- L'IM va être à l'origine de la survenue d'une hypertension artérielle pulmonaire post-capillaire, secondaire à l'élévation des pressions dans l'oreillette gauche et dans les veines pulmonaires
- Les conséquences de l'hypertension artérielle pulmonaire vont être la dilatation et la dysfonction progressive du ventricule droit, l'apparition d'une insuffisance tricuspidienne par dilatation de l'anneau et de signes d'insuffisance cardiaque droite

▷ **Comprendre l'IM ischémique** (cf. figure ci-dessous)

- L'IM ischémique chronique est une IM fonctionnelle (type III de la classification de Carpentier) qui complique une cardiopathie ischémique
- Elle complique 20 % des infarctus du myocarde (le plus souvent inférieur ou postérieur)
- Dans les suites d'un IDM, le remodelage ventriculaire de la zone atteinte, va être à l'origine d'une modification de la géométrie ventriculaire gauche. Il se produit un déplacement d'un des piliers mitraux le plus souvent le pilier postéro-médian, en direction postérieure et apicale. Ce mécanisme entraîne un effet de traction sur les cordages adjacents
- Il en résulte un mouvement valvulaire restrictif avec déplacement apical de la zone de coaptation des feuillets mitraux, donnant alors à la valve mitrale un aspect de « *tenting* valvulaire » (toile de tente) qui, à son tour, entraîne une fermeture incomplète de la valve mitral

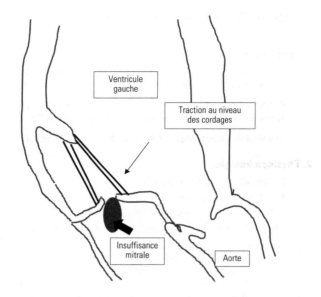

Figure 2 : Mécanisme de l'insuffisance mitrale ischémique :
noter l'aspect de *tenting* valvulaire secondaire au déplacement apical
de la zone de coaptation

3. Conséquences clinico-thérapeutiques

▷ En échocardiographie-Doppler, on parle d'IM importante en cas de :
- Volume régurgitant > 60 ml
- Surface de l'orifice régurgitant > 0,40 cm^2

▷ La FE (fraction d'éjection) du VG dans l'IM est faussement rassurante (FEVG conservée) car il existe une diminution de la post-charge en rapport avec la fuite mitrale

▷ Chirurgie valvulaire indiquée en cas :
- FEVG < 60 %
- et /ou DTS (diamètre télé-systolique) du VG > 40 ou 45 mm

Item 334. Physiopathologie de l'angor stable.

1. Introduction

▸ L'angor stable se définit par la survenue d'une douleur précordiale à l'effort en rapport avec une ischémie myocardique

▸ L'ischémie myocardique est liée à une inadéquation entre les besoins en oxygène du myocarde et les apports en oxygène (circulation coronaire)

▸ La principale cause d'angor reste la pathologie athéro-sclérotique

2. Physiopathologie

▸ Les **besoins en oxygène** dépendent de :
- La fréquence cardiaque
- La contractilité du myocarde
- La tension pariétale du ventricule gauche(VG), elle-même dépendante du diamètre du VG, de l'épaisseur pariétal, de la pré-charge et de la post-charge du VG

▸ Les **apports en oxygène** dépendent de la perfusion coronaire
- La perfusion coronaire se fait pendant la diastole
- Les besoins en oxygène peuvent être augmentés grâce à une vasodilatation coronaire, impliquant la production de NO
- En cas d'athérosclérose, il existe un dysfonctionnement de la production de NO à l'origine d'un défaut de vasodilatation coronaire

▸ Chez le patient ayant une **sténose coronaire, l'ischémie myocardique** va être à l'origine de :
- Apparition d'anomalies électro-physiologiques au niveau cellulaire
- Altération de la contractilité du segment myocardique concerné
- Apparition d'une douleur angineuse
- Chez le patient coronarien en ischémie chronique, apparition d'une hibernation myocardique, par réduction du débit de perfusion myocardique. Le débit coronaire résiduel suffit à assurer le métabolisme de base de la cellule

3. Implications clinico-thérapeutiques

▸ L'épreuve d'effort
- Permet de détecter une ischémie myocardique (apparition à l'effort d'une inadéquation entre les besoins en oxygène et les apports en oxygène)

▸ **Sur le plan thérapeutique**
- Les dérivés nitrés ont une action anti-angineuse grâce à leur action vasodilatatrice
- Les bétabloquants sont indiqués dans la pathologie car ils réduisent les besoins en oxygène du myocarde *via* leur action bradycardisante, leur action inotrope négative et *via* une diminution de la pression artérielle systolique (baisse de la post-charge, à l'origine d'une diminution du travail cardiaque)

1. Introduction

▷ L'infarctus du myocarde (IDM) est un problème majeur de santé publique

▷ Il est à l'origine d'une morbi-mortalité importante

▷ La pathologie touche 110 000 personnes par an

▷ L'IDM correspond à une nécrose myocytaire en rapport avec une ischémie myocardique prolongée

▷ On distingue 5 types d'IDM :

- Type 1 : **IDM spontané.** L'IDM spontané est en rapport avec une ischémie myocardique secondaire à une rupture de plaque d'athérome, une ulcération, une fissuration, une érosion ou une dissection entraînant la formation d'un thrombus intra-luminal dans une ou plusieurs artères coronaires
- Type 2 : **IDM secondaire.** Il est en rapport avec un déséquilibre entre l'apport en oxygène et/ou la demande (dysfonction endothéliale, spasme, embolie coronaire, anémie, hypotension, hypertension, tachycardie, bradycardie, arythmie, insuffisance respiratoire)
- Type 3 : **Mort subite cardiaque** avec des signes cliniques et électriques d'ischémie ou constatation d'un thrombus lors de la coronarographie ou à l'autopsie, sans biomarqueurs disponibles
- Type 4a : **IDM associé à une angioplastie.** Élévation de la troponine à 3 fois la normale après une angioplastie
- Type 4b : **IDM associé avec une thrombose de stent,** documenté au moment de la coronarographie ou à l'autopsie
- Type 5 : **IDM post-pontage aorto-coronaire**

▷ En cas de douleur thoracique avec sus-décalage du segment ST, on parle de syndrome coronarien aigu (SCA) avec sus-décalage du segment ST. En effet, on distingue les SCA avec sus-décalage persistant du ST (SCA ST+) des SCA sans sus-décalage persistant du ST (SCA ST-) (cf. figure 3).

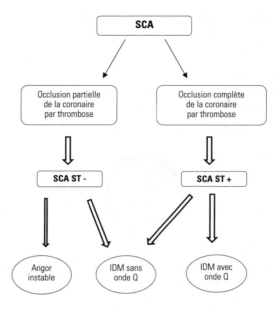

Figure 3 : SCA en fonction de l'analyse du segment ST

2. Physiopathologie de l'IDM

▹ L'IDM est un SCA lié à une occlusion complète d'une coronaire sur rupture de plaque+++, à l'origine d'une ischémie myocardique puis d'une nécrose myocardique

▹ À côté de la formation du thrombus coronaire, s'ajoutent des phénomènes de micro-embolisation distale et de vasoconstriction locale

▹ La **plaque vulnérable** +++ est exposée au risque de **rupture de plaque**. La plaque vulnérable est constituée (cf. figure 4) :
  - D'une chape fibreuse fine pauvre en cellules musculaires lisses et en collagène
  - D'un noyau lipidique large
  - D'infiltration de la paroi artérielle par des cellules inflammatoires
  - De macrophages activés : production de métallo protéases à l'origine d'une dégradation de la matrice extracellulaire, rendant fragile la chape fibreuse

▷ La rupture de plaque met en interaction le contenu de la plaque avec les éléments du sang ; ce phénomène est à l'origine de l'apparition du thrombus : implication du fibrinogène, de l'activation des plaquettes, du facteur tissulaire avec activation de la cascade de la coagulation et implication de l'inflammation

▷ L'obstruction aiguë et complète de la coronaire va entraîner la nécrose myocardique

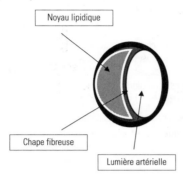

Figure 4 : Plaque instable

3. Implications clinico-thérapeutiques

Les anti-thrombotiques ont un rôle important dans l'arsenal thérapeutique :

▷ Pour bloquer l'anticoagulation, on a le choix entre héparine standard, héparine de bas poids moléculaire, fondaparinux, bivalirudine

▷ Pour bloquer l'agrégation plaquettaire, on peut utiliser les molécules suivantes : aspirine, clopidogrel, ticagrelor, antiGP2b3a

Item 334. Physiopathologie du choc cardiogénique.

1. Introduction

▷ Le choc cardiogénique est une urgence médicale ; il fait partie
des insuffisances cardiaques aiguës

▷ Le tableau clinique associe une hypotension artérielle + signes d'hypoxie
(marbrures, oligurie, extrémités froides, cyanose, troubles de conscience)

▷ L'incidence du choc cardiogénique est de 7 % ; le pronostic est sévère

▷ La cause la plus fréquente du choc cardiogénique est l'infarctus
du myocarde+++. Les autres causes = complications mécaniques de l'IDM
(IM, rupture septale, rupture de paroi libre, IDM du VD), myocardites aiguës,
valvulopathie sévère, sepsis, cardiomyopathies dilatées au stade avancé,
causes toxiques (bêtabloquants…), embolie pulmonaire (EP) massive

▷ Pour rappel, on distingue 6 catégories d'insuffisance cardiaque aiguë :
- Insuffisance cardiaque hypertensive : tableau d'insuffisance
cardiaque aiguë avec dyspnée aiguë et poussée hypertensive. Cette
entité est souvent associée à une insuffisance cardiaque à fonction
systolique conservée
- Œdème pulmonaire : dyspnée aiguë avec désaturation et présence
de crépitants à l'auscultation pulmonaire
- Syndrome coronarien aigu (SCA) et insuffisance cardiaque :
tableau d'insuffisance cardiaque dans un contexte de SCA
- Décompensation aiguë d'une insuffisance cardiaque chronique
(ICC) : elle représente plus des deux tiers des insuffisances cardiaques
aiguës
- Choc cardiogénique : tableau d'hypo perfusion périphérique
persistant malgré un remplissage avec PAS < 90 mmHg et diurèse faible
< 0,5 ml/kg/h
- Insuffisance cardiaque droite : présence de signes droits
avec syndrome de bas débit

2. Physiopathologie

▷ Dans le choc cardiogénique compliquant l'infarctus du myocarde,
les mécanismes physiopathologiques impliqués sont :
- Au niveau cardiaque : l'altération de la fonction systolique du VG
va entraîner une diminution du volume d'éjection systolique du VG
et du débit cardiaque ; ce phénomène est à l'origine d'une baisse de
la perfusion coronaire et d'une baisse de la perfusion systémique. L'hypo
perfusion coronaire majore l'ischémie myocardique. Installation d'un
cercle vicieux ++++ (cf. figure 5).

- **Au niveau systémique**, il existe une vasoconstriction périphérique, à l'origine d'une augmentation de la post-charge
- **Implication d'un SIRS** : la survenue d'une réponse inflammatoire systémique (SIRS) qui explique la fièvre, l'hyperleucocytose et l'absence d'augmentation des résistances vasculaires systémiques même sous catécholamines. Ce SIRS est lié à une production massive de cytokines pro-inflammatoires qui induisent une production de peroxynitrite et de monoxyde d'azote (NO) par la NO-synthase inductible (iNOS), une diminution de la contractilité myocardique et une vasodilatation intense

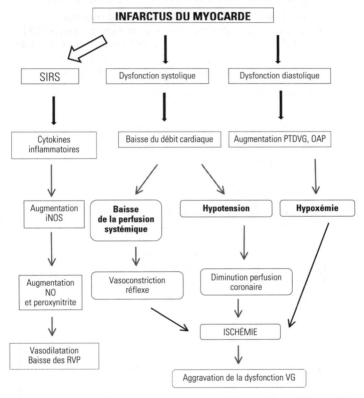

Figure 5 : Physiopathologie du choc cardiogénique compliquant l'infarctus du myocarde
SIRS = syndrome de réponse inflammatoire systémique ; NO = monoxyde d'azote ;
iNOS = NO synthase inductible ; RVS = résistance vasculaire systémique ;
PTDVG = pression télé diastolique du ventricule gauche ; OAP = œdème aigu du poumon

3. Implications clinico-thérapeutiques

▷ Choc cardiogénique
- PAS < 90 mmHg pendant au moins 30 minutes
- Index cardiaque bas < 2,2 l/min/m²
- PAPO > 15 mmHg

▷ Dans la prise en charge thérapeutique, il faut tenir compte de la volémie du patient, de la perfusion tissulaire et de l'état de congestion pulmonaire du malade. Au vu des données cliniques, on peut classer le patient selon la classification de **Forrester** (cf. tableau 2 ci-dessous) qui tient compte de l'état de perfusion des tissus et du niveau de congestion pulmonaire :

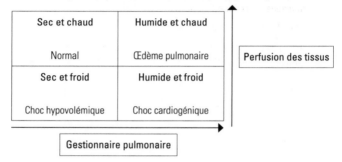

Tableau 2 : **Classification de Forrester** modifié par LW Stevenson

▷ **La prise en charge thérapeutique du choc cardiogénique** repose sur :
- D'abord un remplissage vasculaire+++
- Puis support inotrope pour améliorer le débit cardiaque
- Support mécanique : ballon de contre pulsion intra-aortique voire assistance ventriculaire dans les cas difficiles
- Traitement étiologique : reperfusion myocardique +++ (dans le cadre d'un IDM)

Item 232. Physiopathologie de l'insuffisance cardiaque aiguë (ICA) et de l'œdème aigu pulmonaire (OAP).

1. Introduction

▷ L'insuffisance cardiaque est une pathologie fréquente

▷ L'insuffisance cardiaque aiguë (ICA) est l'apparition récente ou l'aggravation de symptômes nécessitant une prise en charge rapide en rapport avec une détérioration de la fonction cardiaque

▷ Elle peut survenir sur un cœur de novo (découverte d'une insuffisance cardiaque) ou sur une cardiopathie sous-jacente

▷ Il faut toujours rechercher un facteur déclenchant+++

▷ Le diagnostic repose sur la clinique, la biologie (peptides natri-urétiques), l'imagerie thoracique et surtout l'échocardiographie Doppler

2. Physiopathologie

▷ Physiopathologie du choc cardiogénique : cf. item

▷ Physiopathologie de l'œdème aigu du poumon (OAP)

• L'OAP est défini par l'accumulation de liquides d'origine plasmatique dans les espaces extravasculaires du poumon (cf. iconographie sous-jacente)

• L'OAP est lié à une hyperpression capillaire pulmonaire (œdème cardiogénique)

• L'OAP est différent de l'œdème pulmonaire lésionnel (ARDS) lié à une altération de la membrane alvéolo-capillaire (cf. item SDRA).

• L'élévation de la pression capillaire pulmonaire (> 25 mmHg) résulte d'une augmentation de la pression dans l'oreillette gauche, transmise en amont. Cette élévation de la pression capillaire pulmonaire est en rapport avec une pathologie du cœur gauche

• La FE du VG peut être altérée (OAP secondaire à une dysfonction systolique du VG) ou normale (OAP sur insuffisance cardiaque diastolique)

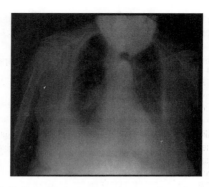

Figure 6 : Radiographie du thorax : patient en œdème aigu du poumon
avec des épanchements pleuraux

3. Implications clinico-thérapeutiques

▷ Le tableau suivant présente les différents syndromes d'insuffisance cardiaque aiguë

Syndromes	Clinique
Choc cardiogénique	– Hypoperfusion liée à l'ICA malgré la correction de la pré-charge – PAS < 90 mmHg ou baisse de la PAM de plus de 30 mmHg par rapport à la pression habituelle et/ou d'un débit urinaire < 0,5 ml/kg/h
Insuffisance cardiaque chronique décompensée	– Tableau d'ICA sans signe de choc cardiogénique, d'œdème pulmonaire ou de crise hypertensive – patient hospitalisé auparavant pour un épisode similaire
Insuffisance cardiaque aiguë hypertensive	– HTA élevée avec des signes cliniques et radiologiques d'œdème pulmonaire – Saturation en AA < 90 % – Crépitants à l'auscultation pulmonaire – FEVG conservée
Insuffisance cardiaque droite	– Signes droits avec RHJ, hépatomégalie, TJ – Bas débit cardiaque avec hypotension artérielle
Insuffisance cardiaque à haut débit cardiaque	– Tachycardie avec débit cardiaque élevé – Œdème pulmonaire – Extrémités chaudes

Tableau 3 : Syndromes d'insuffisance cardiaque aiguë

▷ Le tableau suivant présente la prise en charge thérapeutique du patient en insuffisance cardiaque aiguë en fonction de la présentation clinique

Présentation clinique	Attitude thérapeutique
Scenario 1 – PAS >140 mmHg – Symptomatologie d'apparition brutale – Œdème pulmonaire – Élévation des pressions de remplissage – Peu d'œdèmes périphériques	– Dérivés nitrés – VNI – Utilisation rare de diurétiques sauf si surcharge volumique
Scenario 2 – PAS entre 100 et 140 mmHg – Apparition progressive des symptômes – Œdèmes périphériques – Œdème pulmonaire à minima – Élévation chronique des pressions de remplissage	– Dérivés nitrés – Ventilation non invasive – Diurétiques si signes de rétention
Scenario 3 – PAS < 100 mm Hg – Symptomatologie d'apparition brutale – Présence de signes d'hypo perfusion – Œdème pulmonaire *a minima*	– Remplissage – Vasoconstricteurs si échec du remplissage
Scenario 4 – Symptomatologie d'ICA – SCA – Élévation troponine	– Dérivés nitrés – Ventilation non invasive – Prise en charge SCA : antiagrégants plaquettaires, héparine, revascularisation percutanée, CPBIA+-
Scenario 5 – Symptomatologie d'apparition rapide – Pas d'œdème pulmonaire – Signes de dysfonction du ventricule droit – Signes droits	– Prudence au remplissage – Inotropes si PAS < 90 mm Hg – Vasoconstricteurs si inotropes insuffisants

Tableau 4 : Prise en charge thérapeutique du patient en insuffisance cardiaque aiguë en fonction de la présentation clinique

1. Introduction

▷ L'insuffisance cardiaque est liée à une incapacité du ventricule gauche (VG) à assurer un débit sanguin suffisant pour les besoins métaboliques et fonctionnels de l'organisme, dans les conditions normales

▷ On distingue :
- L'insuffisance cardiaque à fonction systolique altérée (cf. item OAP)
- L'insuffisance cardiaque à fonction systolique préservée (ICFSP)

▷ L'insuffisance cardiaque diastolique ou ICFSP est définie comme une incapacité du ventricule gauche à se relaxer, à se laisser distendre et à se remplir pendant la diastole

▷ L'ICFSP est une pathologie fréquente (40 à 50 % des tableaux d'insuffisance cardiaque aiguë)

▷ Terrain = femme âgée, sujet hypertendu, sujet avec des troubles du rythme auriculaire

▷ L'échocardiographie-Doppler est essentielle pour le diagnostic positif

2. Physiopathologie de la fonction diastolique

La diastole comprend 2 phases : la relaxation ventriculaire isovolumique et le remplissage ventriculaire

▷ Relaxation isovolumique
- La diastole commence lorsque les ponts actine-myosine du sarcomère se dissocient, avant la fermeture de la valve aortique. Cette dissociation est en rapport avec une diminution de la concentration du calcium intracellulaire. Ce mécanisme est en rapport avec une recapture du calcium par le réticulum sarcoplasmique via la pompe calcique SERCA2
- Il existe aussi une extrusion à travers l'échangeur sodium/calcium de la membrane cytoplasmique. Par ailleurs, les propriétés viscoélastiques de la fibre myocardique sont aussi impliquées dans la relaxation iso-volumique. En effet, Les éléments intracellulaires du cytosquelette ainsi que le collagène extracellulaire agissent comme un ressort qui revient à sa position de repos

▷ Remplissage du VG
- Après l'ouverture de la valve mitrale, le VG se remplit sous l'influence du gradient de pression qui existe entre l'OG et le VG. Cette phase de remplissage dépend de la compliance du VG. La compliance du VG dépend de nombreux facteurs dont la géométrie du VG, la contrainte externe et les propriétés élastiques du ventricule gauche

- En fin de la diastole, la contraction auriculaire augmente brutalement la pression auriculaire gauche et vient compléter le remplissage ventriculaire avant la prochaine contraction ventriculaire gauche

▸ **Mécanismes impliqués dans la dysfonction diastolique** (cf. tableau 5)

Diminution de la compliance et de la distensibilité du VG, à l'origine d'une élévation des pressions du VG en télé-diastole	**Étiologies** – Remodelage concentrique du VG, secondaire à une surcharge de pression (HTA, RAC) – Atteinte intrinsèque du muscle cardiaque (cardiopathies restrictives)
Allongement du temps de relaxation, à l'origine d'une perturbation du remplissage	**Étiologies** – Cardiopathies ischémiques – Cardiopathies dilatées – Bloc de branche gauche – Remodelage concentrique du VG

Tableau 5 : Mécanismes et étiologies des dysfonctions diastoliques

3. Implications clinico-thérapeutiques

▸ L'analyse de la fonction diastolique repose sur l'analyse du flux mitral obtenu en Doppler pulsé (cf. figure 7) et sur l'analyse du Doppler tissulaire à l'anneau mitral. Le flux mitral est composé de :

- Une onde E : ouverture proto-diastolique de la valve mitrale = remplissage rapide proto-diastolique
- Une onde A : systole auriculaire

▸ Le TDE : c'est le temps de décélération de l'onde E

▸ Le rapport E/A diminue progressivement avec l'âge

▸ L'étude du rapport onde E mitral/onde Ea obtenu par Doppler tissulaire à l'anneau mitral permet d'évaluer les pressions de remplissage du ventricule gauche

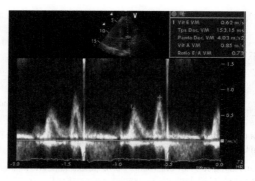

Figure 7 : Flux mitral au Doppler

▶ Le diagnostic d'ICFSP est difficile :
- Il faut d'abord rechercher des signes d'insuffisance cardiaque
- Puis éliminer les diagnostics différentiels : pathologies pulmonaires, valvulopathies gauches, péricardite constrictive, insuffisance cardiaque d'origine systolique

▶ Il faut rechercher toujours les comorbidités favorisantes : obésité, HTA, diabète, fibrillation auriculaire, syndrome d'apnée du sommeil

▶ **Échocardiographie-Doppler +++ pour le diagnostic d'ICFSP**
- FEVG > 45 %
- Absence de dilatation du ventricule gauche
- Mesure de la taille de l'oreillette (OG) et de la masse du ventricule gauche (VG) : le diagnostic d'ICFSP peut être éliminé en cas de masse ventriculaire gauche : < 116 g/m^2 chez l'homme et < 96 g/m^2 chez la femme et en cas de volume auriculaire gauche indexé : < 29 mL/m^2) (recommandations ESC 2007)
- Rapport E/e (Doppler tissulaire myocardique) : diagnostic d'ICFSP si rapport E/e > 15

Item 232. Physiopathologie syndrome cardio-rénal.

1. Introduction

▸ Le syndrome cardio-rénal se définit par la présence ou la survenue d'une insuffisance rénale chez les patients en insuffisance cardiaque

▸ L'insuffisance rénale est une complication fréquente chez le patient en insuffisance cardiaque

▸ Sa présence est associée à un pronostic péjoratif en raison de l'élévation de la morbi-mortalité

▸ Dans le registre ADHERE (Acute Decompensated Heart Failure National Registry), 30 % des patients avaient une insuffisance rénale

2. Physiopathologie

Plusieurs mécanismes sont impliqués dans la survenue du syndrome cardio-rénal chez le patient insuffisant cardiaque (cf. iconographie ci-dessous) :

- Activation des systèmes neuro-hormonaux : activation du système rénine angiotensine aldostérone (SRAA), du système nerveux sympathique (SNS) et production d'AVP (arginine Vasopressine). La rénine entraîne une stimulation de la production d'angiotensine 2, à l'origine d'une vasoconstriction et d'une production d'aldostérone (à l'origine d'une augmentation de la réabsorption de sodium). L'AVP est une hormone antidiurétique, secrétée par la partie postérieure de la glande pituitaire, en réponse normalement à une surcharge vasculaire artérielle et à une augmentation de l'osmolalité. L'AVP stimule les récepteurs V1a au niveau vasculaire (augmentation des résistances vasculaires) et stimule aussi les récepteurs V2 au niveau du tube collecteur (augmentation de la réabsorption d'eau à l'origine d'une hyponatrémie). Dans l'insuffisance cardiaque, malgré l'hypo-osmolalité, il existe une augmentation de la production d'AVP via des barorécepteurs non osmotiques
- Perturbations hémodynamiques aggravant la fonction rénale : bas débit cardiaque à l'origine d'une hypo perfusion rénale, élévation de la pression veineuse centrale et de la pression intra-abdominale, élévation de la pression veineuse rénale et des résistances vasculaires rénales
- Production d'adenosine par le rein, à l'origine d'une diminution du débit de filtration glomérulaire (DFG) par vasodilatation des capillaires post-glomérulaires
- Mécanismes inflammatoires : production de cytokines, dysfonction endothéliale, stress oxydatif
- Anémie chronique par déficit en érythropoïétine

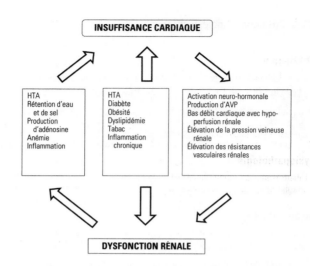

Figure 8 : Mécanismes impliqués dans le syndrome cardio-rénal

3. Implications clinico-thérapeutiques

Sur le plan thérapeutique, dans le syndrome cardio-rénal, il faut :

- Réduire les apports d'eau et de sel
- Utiliser des diurétiques
- Les inotropes positifs en fonction de la dégradation hémodynamique
- Avoir recours à une ultrafiltration dans certaines situations.

1. Introduction

▷ L'insuffisance cardiaque est un problème majeur de santé publique

▷ Elle touche 6,5 millions de personnes en Europe

▷ La prévalence de la maladie augmente avec l'âge

▷ Elle est à l'origine d'une morbi-mortalité importante

2. Physiopathologie

▷ L'insuffisance cardiaque résulte d'une altération :
  - Soit de la fonction systolique du ventricule gauche (VG)
  - Soit de la fonction diastolique du VG

▷ La **fonction systolique du VG** dépend de :
  - La pré-charge : il s'agit du volume télé diastolique du VG. Ce volume augmente en cas de dysfonction du VG
  - La post-charge : il s'agit de la résistance à l'éjection du VG. La post-charge augmente en cas d'HTA non équilibrée ou en cas d'obstacle à la voie d'éjection du VG
  - L'inotropisme du VG : il s'agit de la contractilité du VG. L'inotropisme diminue en cas en cas d'atteinte intrinsèque du muscle cardiaque comme dans la cardiopathie ischémique

▷ La **fonction diastolique du VG** dépend de :
  - La relaxation du VG : une anomalie de la relaxation du VG, comme dans la cardiopathie ischémique ou dans la cardiopathie hypertrophique du VG, peut entraîner un tableau d'insuffisance cardiaque
  - La compliance du VG : Une compliance basse témoigne d'une rigidité ventriculaire. Une diminution de la compliance se rencontre dans la fibrose myocardique
  - La fréquence cardiaque et le volume de l'oreille gauche (OG)

▷ **Mécanismes compensateurs dans l'insuffisance cardiaque** (cf. figure 9)

Chez le patient en insuffisance cardiaque, plusieurs mécanismes compensateurs se mettent en place afin de palier à la dysfonction myocardique

  - **Au niveau cardiaque** : hypertrophie du VG en réponse à l'élévation de la post-charge (HTA) ; dilatation du VG (loi de Franck-Starling) en réponse à la surcharge volumétrique et remodelage ventriculaire
  - **Au niveau périphérique** : activation du système sympathique à l'origine d'une augmentation de la FC et d'une vasoconstriction périphérique. Activation du système rénine angiotensine aldostérone (production d'angiotensine II, puissant vasoconstricteur et production d'aldostérone

en réponse à la production d'angiotensine II). L'aldostérone entraîne une rétention hydro-sodée et favorise la survenue de fibrose myocardique. Activation du système arginine vasopressine, tardivement dans la maladie. L'arginine vasopressine est à l'origine d'une réabsorption d'eau au niveau des segments distaux du néphron, à l'origine de l'hypo natrémie. Activation des systèmes neuro-humoraux avec production de BNP (Brain Natriuretic Peptide) en réponse à la distension ventriculaire, de facteur atrial natri-urétique, en réponse à l'augmentation de la distension auriculaire

▸ Les effets physiologiques compensateurs, bénéfiques initialement pour le patient, deviennent délétères à long terme

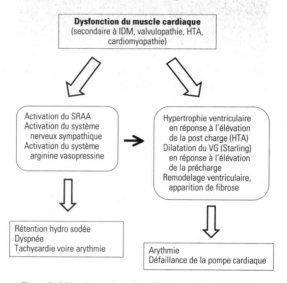

Figure 9 : Mécanismes dans l'insuffisance cardiaque chronique

3. Implications clinico-thérapeutiques

▸ Dosage du BNP pour aider au diagnostic d'insuffisance cardiaque

▸ Un taux de BNP > 400 pg/ml est en faveur d'une insuffisance cardiaque

▸ Échocardiographie-Doppler
  • FEVG
  • Analyse flux mitral (cf. figure 10)
  • Analyse pressions de remplissage
  • Analyse valvulaire
  • Pressions pulmonaires

▷ La prise en charge thérapeutique du patient en insuffisance cardiaque chronique repose sur :

- Les IEC ou ARA II (blocage du système rénine angiotensine)
- Les Bétabloquants (blocage du système sympathique)
- Pour les stades avancés : la spironolactone (bloqueur de l'aldostérone)
- Diurétiques cas de surcharge (œdèmes des MI ou œdème pulmonaire)

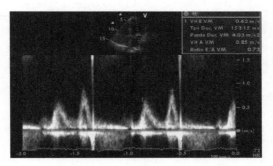

Figure 10 : Flux mitral au Doppler : le flux mitral est composé d'une onde E (premier pic) puis d'une onde A (2ᵉ pic) profil mitral type trouble de la relaxation (pic onde E < pic onde A).

Item 224. Physiopathologie embolie pulmonaire.

1. Introduction

▶ L'embolie pulmonaire (EP) résulte d'une migration d'un caillot provenant d'une thrombose veineuse profonde

▶ L'EP est une pathologie fréquente qui augmente avec l'âge

▶ Trois facteurs favorisent la survenue de la maladie thromboembolique
- La stase veineuse
- L'hypercoagulabilité
- Le traumatisme de la paroi veineuse

2. Physiopathologie de l'embolie pulmonaire

▶ Deux facteurs interviennent dans la physiopathologie de l'EP :
- Un **facteur mécanique** : l'obstruction causée par le caillot, mécanisme principal de la symptomatologie clinique
- Un **facteur humoral** (libération de substances vasoactives par les plaquettes) : à l'origine d'une vasoconstriction artériolaire aggravant l'hypoxémie

▶ **L'obstruction vasculaire**
- Elle va être à l'origine d'une élévation de la pression artérielle pulmonaire (PAP) en cas d'obstruction > 30 %, en l'absence d'antécédents cardio-pulmonaires (figure 11)
- L'augmentation de la PAP est modérée car le ventricule droit (VD) non hypertrophié est incapable de générer une PAP moyenne supérieure à 40 mHg

▶ **L'augmentation des résistances vasculaires pulmonaires**
- À partir de 60 % d'obstruction pulmonaire, cette augmentation est rapide et importante
- L'obstruction entraîne une élévation importante de la post-charge du VD
- La post-charge élevée est à l'origine d'une diminution du volume d'éjection systolique (VES) du VD, d'une hypo-contractilité du VD et d'une dilatation du VD, la paroi libre du VD étant mince et non musclée (cf. figure ci-dessous)
- La **dilatation du VD**, à cause de l'interdépendance VD/VG, va entraîner une compression des cavités gauches avec gène du remplissage à gauche
- Il en résulte une **diminution de la pré-charge dans le VG++** à l'origine d'une baisse du débit cardiaque dans les formes graves

▷ **Conséquences de l'obstruction sur le plan respiratoire**
- Altération des échanges gazeux avec **hypoxie** et **hypocapnie** par hyperventilation
- Augmentation de l'espace mort alvéolaire (zones ventilées mais non perfusées)
- **Effet shunt**, par augmentation de la perfusion au niveau des zones non touchées par l'EP, entraînant une diminution des rapports ventilation/perfusion ; et donc diminution de la pression partielle en O_2
- Apparition de zones d'atélectasie pulmonaire, à l'origine d'un shunt vrai (zones perfusées, non ventilées)
- Apparition d'un infarctus pulmonaire avec réaction pleurale

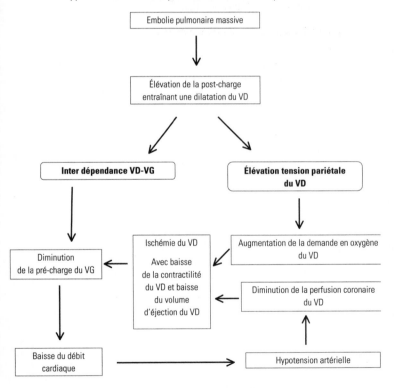

Figure 11 : Physiopathologie de l'embolie pulmonaire grave

3. Implications clinico-thérapeutiques

▸ EP grave

- C'est une urgence thérapeutique
- Le tableau associe des signes de choc avec hypotension artérielle, marbrures et des signes droits aigus
- La troponine et le BNP sont augmentés
- L'ETT retrouve une dilatation des cavités droites et de la VCI, un septum paradoxal, une hypokinésie de la paroi libre du VD et une HTAP
- La prise en charge thérapeutique repose sur une Hospitalisation en Réanimation+++ pour remplissage, support inotropes positifs, oxygénothérapie. thrombolyse en cas d'EP grave avec signes de choc

Item 232. Physiopathologie de l'insuffisance cardiaque aiguë droite d'origine non embolique.

1. Introduction

▷ L'insuffisance cardiaque aiguë droite est une pathologie fréquente associée à un mauvais pronostic. Elle est le plus souvent secondaire à une augmentation brutale de la post-charge ventriculaire droite (embolie pulmonaire+++, syndrome de détresse respiratoire aigu, poumon lésionnel)

▷ L'échocardiographie doppler aide au diagnostic en recherchant une dilatation du VD, un septum paradoxal

2. Physiopathologie

▩ Physiologie du ventricule droit (VD)

▷ Le VD fonctionne dans un régime à basse pression et génère un flux sanguin continu. En effet, le lit vasculaire pulmonaire est caractérisé par de faibles résistances vasculaires à l'origine d'un régime à basse pression

▷ Une défaillance du VD peut résulter :
- Soit d'une surcharge de pression du VD : embolie pulmonaire, syndrome de détresse respiratoire aigu (SDRA)
- Soit d'une surcharge volumique du VD : insuffisance tricuspidienne, insuffisance pulmonaire
- Soit d'une diminution de la fonction contractile du VD : infarctus du VD, cardiomyopathie droite

▩ Mécanismes d'adaptation du VD à l'augmentation de la post-charge du VD

▷ Toute élévation de la pression artérielle pulmonaire peut entraîner :
- Un **mécanisme d'adaptation** du VD avec distension du VD afin de maintenir un volume d'éjection suffisant et un allongement de la phase de contraction isovolumique du VD, à l'origine d'une augmentation de la consommation myocardique en oxygène
- Il existe un risque de survenue d'une ischémique myocardique en cas de sténose de la coronaire droite associée
- Diminution de la perfusion systolique de la CD, la perfusion de la Cd étant systolo-diastolique
- Altération de la fonction systolique du VD
- Altération de la fonction diastolique du VD

▸ Du fait de l'**indépendance VD-VG**+++, l'augmentation du volume télé-diastolique du VD entraîne un déplacement du septum inter ventriculaire vers le VG (bombement vers le VG) en diastole. Ce phénomène est à l'origine d'une altération de la fonction VG par baisse du volume du VG

▸ La dilatation du VD va être à l'origine de la survenue d'une insuffisance tricuspidienne++ (IT) qui entraîne à son tour la survenue d'un « foie cardiaque », d'une insuffisance rénale, d'un bas débit circulatoire. La diminution du débit circulatoire engendre une chute de la pression artérielle systolique et systémique et entretient l'ischémie myocardique. S'installe alors un **cercle vicieux d'auto-aggravation**+++ (cf. figure 12)

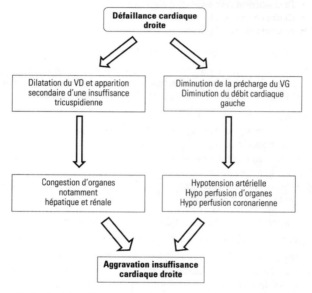

Figure 12 : Cercle vicieux dans l'insuffisance cardiaque aiguë droite : auto-aggravation

3. Implications clinico-thérapeutiques

▸ **Échocardiographie en cas d'insuffisance cardiaque aiguë droite**
- Dilatation des cavités droites
- Hypokinésie du VD
- Bombement du septum dans le VG en proto-diastole
- Septum paradoxal
- Présence d'une IT++ avec VCI (veine cave inférieure) dilatée et non compliante

▷ **Connaître les facteurs d'aggravation de l'insuffisance cardiaque aiguë droite**

- Remplissage excessif : en cas de dysfonctionnement du VD, le remplissage excessif du patient entraîne une dilatation des cavités droites et majore les signes de congestion droite
- Ventilation mécanique car elle augmente la pression trans-pulmonaire et l'impédance ventriculaire droite
- Hypoxie et hypercapnie car elles augmentent les résistances vasculaires pulmonaires

▷ **Sur le plan thérapeutique, les objectifs à atteindre en cas d'ICD aiguë**

- Diminution de la volémie
- Diminution de la post-charge du VD
- Support inotrope si besoin afin de maintenir un débit cardiaque correct

1. Introduction

▸ La tamponnade est une complication grave de la péricardite

▸ L'échocardiographie-Doppler permet un diagnostic rapide

2. Physiopathologie

▸ **Dans les conditions physiologiques**, chez un patient ayant un péricarde normal sec :

- L'inspiration s'accompagne d'une chute des pressions intra thoracique et intra péricardique
- L'inspiration entraîne une augmentation du retour veineux et de la taille des cavités cardiaques droites. À cause de l'interdépendance VD-VG, le septum inter ventriculaire s'aplatit et se déplace vers le VG, le VD étant plus compliant que le VG

▸ **Chez le patient ayant une tamponnade**

- L'épanchement péricardique est à l'origine d'une élévation de la pression intra péricardique, le péricarde étant peu compliant
- L'augmentation de la pression intra péricardique gène le remplissage du VD, à l'origine de l'apparition de signes droits
- Le remplissage du VG est secondairement altéré à cause de l'élévation de la pression intra péricardique et d'un déplacement du septum inter ventriculaire vers le VG
- Initialement, le débit cardiaque est normal grâce à une tachycardie reflexe compensatrice
- Cependant, lorsque la pression intra péricardique atteint un niveau critique, le débit cardiaque et la tension artérielle chutent avec installation de tableau de choc cardiogénique, en rapport avec une diminution du volume d'éjection systolique du VG

3. Implications clinico-thérapeutiques

▸ **En cas de tamponnade**, le patient présente :

- Un pouls paradoxal de Kussmaul
- Des signes d'insuffisance cardiaque droite avec turgescence jugulaire et reflux hépato-jugulaire
- Des signes de défaillance hémodynamique

▸ **Le pouls paradoxal de Kussmaul** (chute de la pression artérielle systolique de plus de 10mmHg lors de l'inspiration) est en rapport avec une chute du volume d'éjection systolique du VG avec mouvement paradoxal du septum inter ventriculaire vers le VG

➤ La tamponnade est une urgence médico-chirurgicale :
  - Il faut un monitoring ECG et PA du patient
  - Le traitement repose sur un remplissage vasculaire et le drainage du péricarde en urgence

➤ **Connaître les autres causes de pouls paradoxal**
  - Asthme aigu grave
  - Embolie pulmonaire massive
  - Infarctus du ventricule droit
  - Pathologie obstructive pulmonaire sévère

Item 328. Physiopathologie de l'état de choc.

1. Introduction

▷ L'état de choc se définit par la présence d'une hypotension artérielle avec des signes d'hypo perfusion périphérique

▷ Sur le plan physiopathologique, il existe une inadéquation entre les apports en oxygène et les besoins en oxygène du patient en état de choc

▷ On distingue plusieurs types de choc en fonction du tableau hémodynamique :

- **Choc cardiogénique** (cf. item) : la défaillance cardiaque est au premier plan avec diminution du débit cardiaque (infarctus du myocarde compliqué, cardiomyopathie sévère…)
- **Choc obstructif**, en rapport avec un obstacle à la continuité de la circulation sanguine (embolie pulmonaire sévère, tamponnade). Le tableau hémodynamique ressemble au tableau du choc cardiogénique
- **Choc hypovolémique**, en rapport avec une baisse du volume sanguin (hémorragie aiguë, déshydratation sévère, présence d'un 3e secteur)
- **Choc septique** : il s'agit d'un choc dit « distributif », en rapport avec une baisse des résistances vasculaires périphériques
- **Choc anaphylactique** : il s'agit aussi d'un choc dit « distributif », liée une baisse des résistances vasculaires périphériques

2. Physiopathologie

Chez le patient en état de choc, il existe des anomalies à l'échelle macro-circulatoire (hypotension artérielle) et à l'échelle microcirculatoire

■ **Notions de physiologie hémodynamique**

▷ **Le débit cardiaque** (DC) est un paramètre important en hémodynamique. Le débit cardiaque permet d'assurer le transport de l'oxygène vers les tissus afin d'assurer les besoins en oxygène de l'organisme. Le débit cardiaque normal est de 4 l à 6 l/min. Le débit cardiaque dépend de la fréquence cardiaque, la contractilité du ventricule gauche, la pré-charge et la post-charge

▷ Le débit cardiaque = VES x Fc,
VES étant le volume d'éjection systolique, Fc étant la fréquence cardiaque

▷ Le VES est la différence entre le VTD (volume télé diastolique) et le VTS (volume télé systolique). Ainsi, en augmentant le retour veineux, on peut augmenter le débit cardiaque, grâce à une augmentation du VES. Ce gain est efficace chez le patient en zone de « précharge dépendance » (cf. figure 13)

▶ La **pression artérielle moyenne** (PAM) = débit cardiaque x résistances vasculaires systémiques ; ainsi, dans le choc septique, la baisse des résistances vasculaires systémiques est à l'origine de la baisse de la PAM

▶ Le **transport de l'oxygène** (DO_2) dépend du débit cardiaque, de l'hémoglobine et de la saturation artérielle en oxygène

$DO_2 = DC \times CaO_2 \times 10$, CaO_2 étant le contenu artériel en oxygène

$CaO_2 = SaO_2 \times Hb \times 1{,}34$

SaO_2 étant la saturation en O_2, Hb étant l'hémoglobine

Ainsi, une diminution du DO_2 peut provenir soit d'une baisse du débit cardiaque (dysfonction du ventricule gauche, soit d'une baisse du contenu artériel en oxygène (baisse de l'hémoglobine ou baisse de la SaO_2)

▶ La **consommation en oxygène** (VO_2) correspond au volume d'oxygène consommé par les tissus par unité de temps :

$VO_2 = DO_2 \times EO_2$

• DO_2 étant le transport artériel en oxygène (dépend du débit cardiaque, de l'hémoglobine, de la SaO_2 et de la pression partielle en O_2)

• EO_2 étant le coefficient d'extraction d'oxygène

▶ Le **coefficient d'extraction de l'oxygène** au niveau tissulaire

$EO_2 = VO_2/DO_2$. Ainsi, en cas de diminution du DO_2, le coefficient d'extraction en O_2 augmente afin de maintenir constante la VO_2

▶ La **saturation veineuse en oxygène** (SvO_2) est un reflet de la balance entre la consommation en oxygène (VO_2) par les tissus et le transport d'oxygène de l'organisme (TaO_2). La SvO_2 normale est de 70 à 75 % chez le sujet sain au repos

▶ La SvO_2 dépend de la saturation artérielle en oxygène (SaO_2), de l'hémoglobine (Hb), du débit cardiaque (DC) et de la consommation en oxygène des tissus (VO_2)

$SvO_2 = SaO_2 - (VO_2/Hb \times DC)$

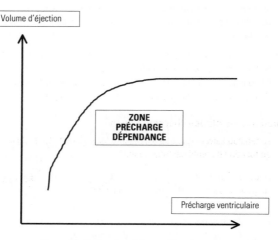

Figure 13 : Notion de précharge dépendance

▨ À l'échelle macro circulatoire

Chez le patient en état de choc, des mécanismes adaptatifs se mettent en place afin de maintenir la pression artérielle et le débit cardiaque. Il s'agit principalement de l'activation des systèmes neuro-hormonaux

▸ Activation du **système rénine-angiotensine-aldostérone** avec production de rénine et d'angiotensine

▸ Activation du **système sympathique** à l'origine d'une augmentation de la fréquence cardiaque, de la contractilité du VG et d'une vasoconstriction. La vasoconstriction périphérique se fait principalement au niveau des territoires riches en récepteurs **alpha** (peau, muscle squelettique, territoire splanchnique)

▸ Activation du **système arginine-vasopressine**, à l'origine d'une augmentation de la production de vasopressine

▨ À l'échelle microcirculatoire

▸ Dans le **choc cardiogénique ou le choc hypovolémique,** la consommation en O_2 (VO_2) se maintient grâce à une augmentation de l'extraction en O_2. Le métabolisme aérobie est ainsi préservé. Cependant à partir d'un seuil critique de gravité, apparaît une production de lactates, reflétant l'apparition d'un métabolisme anaérobie. Au niveau capillaire, afin de maintenir une augmentation de l'extraction en O_2, on note une modification du débit sanguin régional avec vasodilatation capillaire et augmentation de la surface d'échange entre capillaires et cellules voisines. La vasodilatation capillaire se fait surtout au niveau des organes vitaux (cœur, cerveau)

▷ Dans le **choc septique** (cf. item choc septique), il existe une dysfonction endothéliale, un dysfonctionnement à l'échelle microcirculatoire à l'origine d'une altération des capacités d'extraction en oxygène au niveau tissulaire. On note aussi une perfusion tissulaire très inhomogène

3. Implications clinico-thérapeutiques

▷ Le tableau suivant (tableau 6) présente les différents types de choc en fonction du profil hémodynamique

Type de choc	P Cap Pulm	Débit cardiaque	Résistances vasculaires systémiques
Choc septique	basse	Élevé au début puis devient basse	basses
Choc cardiogénique	élevée	basse	élevées
Choc hypovolémique	basse	basse	élevées

Tableau 6 : Différents types de choc en fonction du profil hémodynamique
P cap pulm = pression capillaire pulmonaire

▷ Dans le choc septique, on privilégie l'utilisation de noradrénaline après un remplissage adéquat + antibiothérapie en urgence

▷ Dans le choc cardiogénique, on privilégie la dobutamine + traitement étiologique en urgence

Item 328. Physiopathologie choc septique.

1. Introduction

▸ Le sepsis est une infection associée à une réponse inflammatoire systémique

▸ Le sepsis sévère est caractérisé par la présence d'au moins une défaillance d'organe (troubles de la conscience, oligurie ou insuffisance rénale, marbrures, thrombopénie, augmentation du lactate)

▸ Le choc septique se définit par un sepsis sévère associé à une hypotension prolongée persistante malgré un remplissage d'au moins 20 ml/kg et nécessitant l'introduction de vasopresseurs pour maintenir une pression de perfusion suffisante (cf. tableau 7)

▸ La défaillance circulatoire est la résultante d'une hypovolémie majeure liée à une vasoplégie et à une fuite capillaire. Le remplissage vasculaire est le premier traitement à entreprendre chez les patients en sepsis sévère, concomitamment aux traitements antibiotiques

2. Physiopathologie

▸ Dans le choc septique, l'atteinte hémodynamique est liée à une baisse des résistances vasculaires systémiques et parfois à une atteinte de la fonction systolique du ventricule gauche (cf. figure1 ci-dessous)

▸ Dans le choc septique, des anomalies de la microcirculation sont décrites (cf. figure 14 et 15). En effet, il existe :
- Une dysfonction endothéliale, à l'origine d'une diminution du recrutement capillaire nécessaire à l'amélioration de l'utilisation de l'oxygène au niveau tissulaire
- Une activité pro-coagulante, source de formation de micro-thrombi
- Une hypoxie tissulaire favorisée par la diminution de l'apport en O_2 et par la diminution du débit sanguin capillaire

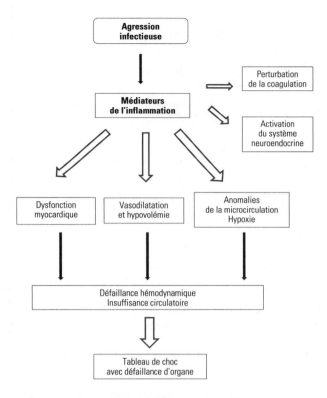

Figure 14 : Physiopathologie du choc septique

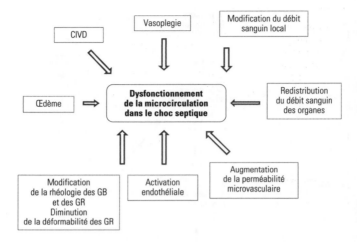

Figure 15 : Éléments contribuant à la dysfonction microcirculatoire dans le choc septique

3. Implications clinico-thérapeutiques

> On distingue 4 niveaux dans la réponse de l'organisme à une infection (cf. tableau ci-dessous)
- Initialement, il existe une réponse inflammatoire systémique (SIRS)
- Puis s'installe progressivement le sepsis
- Le sepsis sévère
- Et enfin le choc septique en l'absence de prise en charge adéquat du patient

Syndrome de réponse inflammatoire systémique (SIRS)	Présence d'au moins deux des signes suivants : – Température > 38 °C ou < 36 °C – Fréquence cardiaque > 90 battements/min – Fréquence respiratoire > 20/min ou PCO_2 < 32 mmHg – Leucocytes > 12 000/mm^3 ou < 4 000/mm^3 ou > 10 % de cellules immatures
Sepsis	SIRS + infection présumée ou identifiée
Sepsis sévère	Sepsis associé à une hypotension répondant au remplissage et/ou hypoperfusion et/ou dysfonction d'au moins un organe : – Syndrome de détresse respiratoire aiguë – Encéphalopathie septique – Oligurie ou insuffisance rénale aiguë – Élévation du lactate – Thrombocytopénie, CIVD – Dysfonction hépatique
Choc septique	Sepsis sévère avec hypotension persistante (PAS < 90 mmHg ou PAM < 65 mmHg) malgré un remplissage vasculaire adéquat (20-40 ml/kg) et/ou la nécessité d'utilisation de drogues vasoactives associée à une hypoperfusion et/ou une dysfonction d'au moins un organe

Tableau 7 : Définitions : SIRS, sepsis, sepsis sévère et choc septique

▷ Les **objectifs thérapeutiques** dans le choc septique sont :
- PAM > 65 mmHg
- Reprise de la diurèse : diurèse > 0,5 ml/kg/h
- Disparition de l'hypo perfusion
- $ScVO_2$ > 70 %

▷ Une $ScVO_2$ basse chez le patient en choc septique doit faire recherche une anémie ou une dysfonction du ventricule gauche

Item 354. Physiopathologie de la détresse respiratoire aiguë.

1. Introduction

▷ La détresse respiratoire aiguë est une cause fréquente d'admission en réanimation

▷ Elle résulte :
- Soit d'une défaillance de la fonction pompe ventilatoire : causes primitives (maladies neuromusculaires, causes centrales neurologiques), causes secondaires (épuisement des muscles respiratoires suite à un travail ventilatoire excessif : maladies pleuropulmonaires)
- Soit d'une défaillance de la fonction échange pulmonaire : altération des rapports ventilation/perfusion (Va/Q : shunt, espace mort), trouble de la diffusion
- Soit des 2 défaillances

▷ Elle se manifeste par des signes cliniques d'insuffisance respiratoire aiguë

▷ La gazométrie artérielle retrouve en cas d'insuffisance respiratoire aiguë (IRA) :
- Une hypoxémie sévère : $PaO_2 < 60$ mmHg
- Associée ou non à une hypercapnie : $PaCO_2 > 45$ mmHg

2. Physiopathologie

▷ La réserve cardio-pulmonaire est un mécanisme de compensation dans l'insuffisance respiratoire. Elle fait intervenir :
- Une **augmentation de la ventilation-minute** qui a pour objectif une augmentation de la concentration en oxygène dans le sang : $CO_2 = Hb \times 1,34 \times SO_2 + PO_2 \times 0,003$
- Une **augmentation du débit cardiaque** qui a pour objectif une augmentation du transport en oxygène : $TaO_2 = CaO_2 \times IC \times 10$

▷ L'augmentation de la réserve cardio-pulmonaire va être à l'origine d'une **augmentation de la consommation en oxygène** :
- Au niveau respiratoire, par augmentation du travail ventilatoire (cf. figure 16)
- Au niveau cardiaque, par augmentation du débit cardiaque

▷ Dans l'IRA, la réserve cardio-pulmonaire est insuffisante pour assurer une bonne hématose et l'augmentation du travail respiratoire fait intervenir les muscles respiratoires accessoires

Figure 16 : Causes d'augmentation du travail ventilatoire

▹ La PaO_2 dépend de la pression alvéolaire en oxygène et de la différence alvéolo-capillaire en O_2

▹ La $PaCO_2$ dépend de la ventilation alvéolaire et de la production de CO_2

▹ La $PaCO_2 = VCO_2/VA$, VCO_2 étant la production de CO_2 par minute, VA étant la ventilation alvéolaire

▹ Mécanismes à l'origine d'une hypoxémie
- Inégalités des rapports ventilation/perfusion+++ (rapport Va/Q < 1), à l'origine d'un effet shunt : étiologies = œdème pulmonaire, pneumopathies, atélectasies
- Shunt pulmonaire
- Troubles de la diffusion
- Hypoventilation alvéolaire
- Diminution de la pression partielle inspirée en oxygène

▹ Mécanismes à l'origine d'une hypercapnie
- Hypoventilation alvéolaire : maladie neuromusculaire, cause centrale, épuisement des muscles respiratoires
- Effet espace mort (Va/Q > 1) ou espace mort

3. Implications clinico-thérapeutiques

▹ PCO_2 : c'est un reflet de la ventilation alvéolaire

▹ PO_2 : c'est un reflet des échanges gazeux

▹ Signes d'hypercapnie : troubles de la conscience, HTA, flapping tremor

▹ Connaître les éléments de gravité : troubles de la conscience, signes d'épuisement respiratoire, hypercapnie majeure, cyanose

▹ La ventilation non invasive (VNI) :
- Diminue le travail ventilatoire
- Indication dans l'acidose hypercapnique chez le sujet conscient et coopérant et dans l'OAP sévère

1. Introduction

▷ La BPCO (bronchopneumopathie chronique obstructive) est un problème majeur de santé publique, pathologie liée au tabagisme

▷ Elle touche l'adulte de plus de 45 ans

▷ 3,5 millions de personnes sont atteintes par la maladie en France

▷ Elle est à l'origine de 20 000 décès /an en France

▷ La maladie se définit par une obstruction progressive et permanente des voies aériennes

2. Physiopathologie

▨ Mécanismes de la dyspnée (cf. figure 17 et 18)

▷ Obstruction bronchique à l'origine d'une limitation des débits aériens, à l'origine d'une distension thoracique et d'un abaissement du diaphragme

▷ Il en découle une expiration incomplète++, ne permettant pas un retour de la pression intra-thoracique au niveau de la pression atmosphérique et donc présence en fin d'expiration d'une pression positive++

▷ La conséquence = augmentation du travail inspiratoire++, lors de l'inspiration suivante

▷ Autres mécanismes impliqués dans la dyspnée
- Déconditionnement musculaire, liée à la baisse d'activité (en rapport avec la dyspnée)
- Hypoxémie (stade insuffisance respiratoire)
- Anxiété associée

▨ Mécanismes impliqués dans l'obstruction bronchique (cf. figure 17 et 18)

Il existe dans la BPCO une limitation des débits expiratoires, liée à :
- Une augmentation des résistances des voies aériennes en rapport avec une hypertrophie des cellules musculaires lisses, une fibrose péri-bronchique, une inflammation locale avec métaplasie épithéliale
- Une perte du recul de l'élasticité pulmonaire

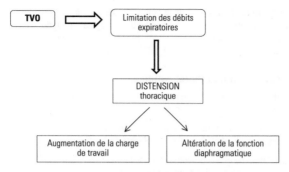

Figure 17 : Mécanismes de la dyspnée dans la BPCO

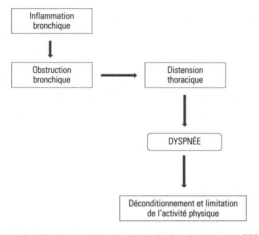

Figure 18 : Mécanismes de la dyspnée et physiopathologie de la BPCO

▨ Physiopathologie des anomalies des échanges gazeux dans la BPCO

▶ L'obstruction bronchique est à l'origine d'une hypoxémie en rapport avec une inégalité des rapports ventilation/perfusion (V/Q)

▶ En effet, il existe une mauvaise ventilation (liée à l'obstruction bronchique) alors que la perfusion est normale, d'où une diminution du rapport V/Q (effet shunt)

▸ L'aggravation progressive de la pathologie va générer une diminution de la ventilation alvéolaire à l'origine d'une augmentation de la $PaCO_2$ (pression partielle en CO_2), anomalie présente dans les stades très évolués de la maladie (insuffisance respiratoire chronique)

3. Implications clinico-thérapeutiques

▸ Dépistage de la pathologie par la réalisation d'une spirométrie chez le sujet de plus de 40 ans et tabagique

▸ La prise en charge thérapeutique de la dyspnée repose sur les broncho dilatateurs en inhalation (bêta 2-agonistes ou anticholinergiques)

▸ Adjonction de glucocorticoïdes (action anti-inflammatoire) en inhalation pour les stades III et IV de la maladie

▸ Réhabilitation +++ pour limiter le déconditionnement musculaire

1. Introduction

- ▶ L'ARDS (Acute Respiratory Distress Syndrome) est liée à une agression pulmonaire directe ou indirecte

- ▶ C'est la forme la plus grave de l'ALI (Acute Lung Injury)

- ▶ Elle se manifeste par un tableau d'hypoxémie majeure associée à des infiltrats radiologiques, en l'absence d'insuffisance cardiaque gauche

- ▶ La mortalité est de 50 %, liée au risque de survenue de défaillance multiviscérale

- ▶ Les étiologies sont : pneumopathie, choc septique, pancréatite aiguë, intoxication aux fumées d'incendie, chirurgie cardiopulmonaire, transfusions

2. Physiopathologie

- ▶ 2 phases dans l'évolution de l'ARDS
  - Phase aiguë dite « exsudative » : en rapport avec l'agression d'origine inflammatoire
  - Phase chronique dite « fibro-proliférative » : fibrose interstitielle et néo vascularisation

- ▶ La ventilation mécanique participe aussi à l'ARDS, en provoquant des lésions pulmonaires (VILI)

- ▶ L'algorithme suivant (cf. figure 19) résume les mécanismes physiopathologiques impliqués dans l'ARDS

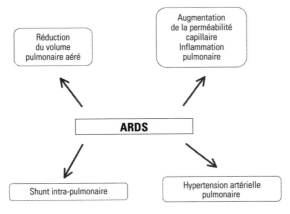

Figure 19 : Mécanismes impliqués dans la physiopathologie de l'ARDS

3. Implications clinico-thérapeutiques

▷ Définition de l'ARDS
  - Insuffisance respiratoire aiguë
  - Présence d'opacités radiologiques
  - $PaO_2/FIO_2 < 200$
  - Absence de signes d'insuffisance cardiaque gauche

▷ **Modalités ventilatoires du patient en ARDS** : ventilation dite « protectrice » avec un petit volume courant (6 ml/kg), une fréquence respiratoire élevée et un niveau de PEEP élevé (recrutement alvéolaire) tout en surveillant la pression plateau qui doit être inférieure à 30 mmHg (risque de de baro-traumatisme)

▷ Surveillance régulière radiographie du thorax, GDS (hypercapnie permissive) et pression plateau

1. Introduction

▶ Le sodium joue un rôle majeur dans le maintien du volume extracellulaire. C'est le principal cation du milieu extracellulaire

▶ La concentration plasmatique du sodium est un élément déterminant pour le maintien de de l'osmolalité plasmatique

▶ Osmolarité plasmatique = 2 x Na + urée + glycémie = 285 – 290 mOsm/kg

▶ Une élévation du contenu en sodium entraîne une augmentation du volume extracellulaire, en rapport avec une augmentation de la rétention rénale en eau afin de maintenir constante la concentration plasmatique en sodium

▶ Le bilan entrée/sortie du sodium tient compte :
  • Des entrées de sodium : alimentation et boissons
  • Des sorties de sodium : cutanée (sudation), digestive, rénale+++

▶ Le rein joue un rôle important dans le maintien d'un bilan sodique nul++

2. Physiopathologie

Plusieurs mécanismes sont impliqués dans la régulation du bilan sodé et dans l'excrétion rénale du sodium :

▶ Le système rénine-angiotensine-aldostérone (SRAA) : l'aldostérone favorise au niveau du tube collecteur la réabsorption du sodium et la sécrétion de potassium

▶ Le système nerveux sympathique : son activation favorise la réabsorption rénale de sodium

▶ Les peptides natriurétiques (surtout l'ANP = atrial natriuretic petid) : l'ANP est secrété par les oreillettes en réponse à une augmentation de la tension exercée sur les parois. L'ANP est à l'origine d'une augmentation de la natriurèse par une diminution de la réabsorption tubulaire de sodium

▶ Des facteurs locaux (rénaux) : prostaglandines, bradykinine

3. Implications clinico-thérapeutiques

▶ 1 g de NaCl = 17 mmol de Na

▶ L'hyponatrémie se manifeste par des signes d'hyperhydratation intracellulaire : nausées, vomissements, troubles de conscience

▹ Distinguer :
- **Hyponatrémie de dilution** (excès d'eau) : insuffisance cardiaque, insuffisance rénale, cirrhose hépatique, SIADH
- **Hyponatrémie de déplétion** (manque de sel) : pertes sodiques
  → pertes d'eau (soit des pertes rénales liées à une néphropathie avec perte de sel, à une insuffisance surrénale/soit des pertes extra-rénales liées à des vomissements, diarrhées, 3e secteur)

▹ **Prise en charge d'une hyponatrémie**
(cf. algorithme ci-dessous/figure 20)

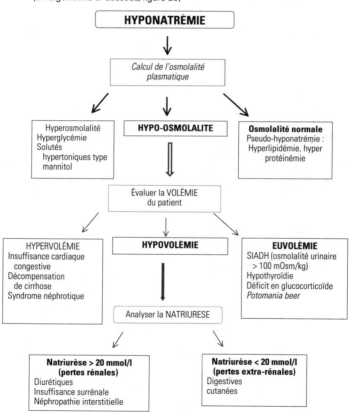

Figure 20 : Algorithme

1. Introduction

▷ L'eau représente 60 % du poids corporel dont 40 % pour le secteur extracellulaire

▷ L'eau suit de manière passive les variations osmolaires entre les compartiments

▷ Dans les conditions physiologiques, l'osmolalité des liquides extracellulaires est égale à l'osmolalité des liquides intracellulaires

▷ Ainsi, toute modification de l'osmolalité extracellulaire est à l'origine de mouvement d'eau afin de rétablir l'équilibre osmolaire

▷ La régulation de l'eau dépend des entrées et des sorties d'eau, les sorties pouvant être cutanées, respiratoires mais surtout rénales+++ (contrôle *via* l'ADH)

▷ Le système hypothalamo-hypophysaire, par l'intermédiaire de la production d'ADH est impliqué dans la régulation de l'eau. La production d'ADH est régulée par les variations d'osmolalité et les variations de volémie

2. Physiopathologie

L'osmolalité plasmatique est maintenue dans l'organisme entre 280 et 285 mOsmol/l grâce à 3 mécanismes :

- Production d'ADH (hormone antidiurétique = vasopressine) ; l'osmolalité étant un stimuli physiologique de la production d'ADH
- Capacité rénale à concentrer ou à diluer les urines
- La soif

▷ L'ADH

- Production par la posthypophyse
- Régulation : osmotique+++ et hémodynamique. Toute élévation de l'osmolarité plasmatique entraîne une augmentation de la production d'ADH. De même, toute diminution de la pression artérielle entraîne une augmentation de la production d'ADH (stimuli *via* les barorécepteurs et les volo-récepteurs)

▷ **Mécanismes de concentration/dilution des urines** (cf. figure ci-dessous)

Le rein a une capacité de concentration ou de dilution des urines en fonction des apports d'eau, l'osmolarité urinaire pouvant varier de 100 à 1 200 mOsmol/kg d'eau. La capacité rénale à concentrer ou diluer les urines fait intervenir plusieurs mécanismes (cf. figure)

- Anse de Henlé, grâce à un gradient osmotique cortico-papillaire
- Segment de dilution (branche large ascendante de l'anse de Henlé) : réabsorption du sodium sans passage d'eau
- Influence de l'ADH au niveau du tube collecteur. En l'absence d'ADH, le canal collecteur est imperméable à l'eau, permettant d'obtenir des urines diluées. En présence d'ADH, apparaît une concentration des urines, le canal collecteur devenant perméable à l'eau

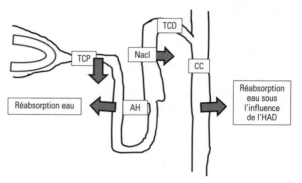

Figure 21 : Représentation schématique de l'adaptation rénale
TCP = tube contourné proximal – AH = anse de Henlé
TCD = tube contournée distal – CC = canal collecteur

Ré-absorption d'eau dans le TCP (70 %), dans la branche descendante de l'anse de Henlé (20 %)

Ré-absorption de Nacl au niveau de la branche large ascendante de l'anse de Henlé sans passage d'eau

Branche descendante fine : perméable à l'eau mais imperméable au Nacl → à l'origine d'une augmentation de l'osmolarité

Branche ascendante large : imperméable à l'eau mais perméable au Nacl → à l'origine d'une diminution de l'osmolarité

Ces 2 phénomènes expliquent le gradient d'osmolarité médullaire

3. Implications clinico-thérapeutiques

▶ La natrémie reflète l'hydratation intracellulaire

▶ Ainsi, hyper natrémie = déshydratation intracellulaire

▶ L'hyper natrémie peut être liée :
- Soit à des apports de sodium > apports d'eau
- Soit à des pertes hydriques > pertes de sodium
- Soit à une carence de production d'ADH ou une résistance à l'ADH (diabète insipide)

▶ Dans le diabète insipide, l'osmolalité urinaire est basse (< 300 mOsm/l) et la densité urinaire est basse

BILAN	NÉGATIF (pertes > apports)	POSITIF (apports > pertes)
EAU	DIC	HIC
SODIUM	DEC	HEC

Tableau 8 : Bilan hydro-sodé

DIC = déshydratation intracellulaire – HIC = hyperhydratation intracellulaire

DEC = déshydratation extracellulaire – HEC = hyperhydratation extracellulaire

1. Introduction

▷ Le potassium est le principal cation intracellulaire

▷ Les dyskaliémies (hypokaliémie ou hyperkaliémie) sont des urgences thérapeutiques nécessitant une prise en charge rapide

▷ L'ECG doit être systématique

2. Physiopathologie

▷ L'apport alimentaire de potassium est de 50 à 150 mml/24 h. Il provient surtout de la viande et des végétaux

▷ Les sorties de potassium sont assurées par :
- Le tube digestif
- Et surtout le rein++ : le rein adapte l'excrétion de potassium (tube collecteur) en fonction des apports

▷ Rôle de l'aldostérone :
- La sécrétion d'aldostérone est stimulée par toute élévation de potassium dans l'organisme
- L'aldostérone est à l'origine d'une augmentation de la sécrétion de potassium *via* le tube collecteur

▷ Facteurs influençant les entrées et les sorties de potassium dans la cellule (cf. figure 22)

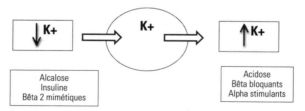

Figure 22 : Facteurs influençant les entrées et les sorties de potassium dans la cellule

3. Implications clinico-thérapeutiques

▷ Causes d'hypokaliémie
- Pertes digestives de potassium
- Pertes rénales de potassium
- Carences d'apport
- Transfert intracellulaire de potassium : insuline, bêta 2-mimétiques
- Hyperaldostéronisme

Causes d'hyperkaliémie
- Insuffisance rénale
- Acidose métabolique
- Syndrome de lyse de cellulaire
- Apport de potassium

1. Introduction

▶ L'hypercalcémie aiguë est une urgence thérapeutique

▶ On parle d'hypercalcémie en cas de taux de calcium > 2,6 mmol/l

▶ Le calcium sérique dépend du taux d'albumine

▶ La calcémie normale est entre 2,25 et 2,4 mmol/l

2. Physiopathologie

▶ Le calcium (forme ionisée) est impliqué dans de nombreux processus physiologiques : contraction musculaire, automatisme cardiaque, conduction nerveuse, stabilité des membranes cellulaires…

▶ La régulation de la calcémie fait intervenir la parathormone, la calcitonine et la 1,25 (OH)2 vitamine D

▶ Le bilan calcique dépend des apports et de sorties de calcium :
- Apport : il s'agit de l'alimentation. La vitamine D intervient dans l'absorption de calcium au niveau digestif
- Sortie : élimination par voie digestive principalement
- Rôle du rein : le rein participe à la régulation de la calcémie : 65 % du calcium est réabsorbé dans le tube contourné proximal, 25 % dans la branche ascendante de l'anse de Henlé et 8 % dans le tube contourné distal. La PTH (produite par les parathyroïdes) joue un rôle majeur dans la réabsorption rénale du calcium. Par ailleurs, la réabsorption du calcium au niveau du TCP dépend aussi de la volémie (augmentation de la réabsorption du calcium et du sodium en cas d'hypovolémie). Les diurétiques de l'anse et l'augmentation du taux de magnésium entraînent une diminution de la réabsorption du calcium au niveau de la branche ascendante de l'anse de Henlé

▶ L'augmentation de la production de PTH entraîne :
- Augmentation de l'absorption intestinale de calcium
- Augmentation de la réabsorption rénale de calcium avec baisse de la réabsorption rénale de phosphates
- Augmentation de la résorption osseuse

3. Implications clinico-thérapeutiques

▸ 2 étiologies fréquentes à rechercher devant une hypercalcémie : hyperparathyroïdie, causes malignes

▸ ECG systématique devant une hypercalcémie importante

▸ La prise en charge thérapeutique d'une hypercalcémie repose sur :
- Majoration des apports (sérum salé isotonique) : 3 à 4 l/jour
- Inhibiteurs de la résorption osseuse (biphosphonates)
- Traitement étiologique

1. Introduction

▷ L'équilibre acido-basique est essentiel pour le maintien de l'organisme

▷ Le pH (potentiel hydrogène) d'un soluté est une mesure de sa concentration en ions H+

▷ Chez le sujet normal, le pH est maintenu dans des limites étroites (pH = 7,40 + -0,02) grâce à l'implication de plusieurs mécanismes :
  • Systèmes tampons
  • Ventilation alvéolaire
  • Régulation rénale de H+ et de HCO_3.

▷ L'analyse du pH est capitale chez le patient en état de choc ou chez le patient admis à l'hôpital pour défaillance rénale aiguë ou défaillance respiratoire aiguë

▷ La réalisation des GDS (gaz de sang) artériels permet d'analyser le pH et le type d'anomalie de l'équilibre acido-basique (analyse PCO_2 et du taux de bicarbonates)

▷ On distingue (cf. paragraphe implications clinico-thérapeutiques) :
  • Acidose métabolique
  • Acidose respiratoire
  • Alcalose métabolique
  • Alcalose respiratoire

2. Physiopathologie

▷ **Équation de Henderson-Hasselbach** : pH = 6,1 + log (HCO_3/PCO_2 x 0,03)

▷ **Source principale d'acide** : production de CO_2, en rapport avec le métabolisme aérobie. En effet :
$$CO_2 + H2O \leftarrow\rightleftarrows H2CO_2 \rightleftarrows H+ + HCO_3.$$

▷ La régulation du pH dans l'organisme fait intervenir :
  • Le poumon : élimination du CO_2
  • Le rein : réabsorption de bicarbonates au niveau du tube proximal, excrétion d'ions H+ au niveau du tube distal et du canal collecteur
  • Systèmes tampons : intracellulaires (phosphates, HCO_3., hémoglobine), extracellulaires (albumine, HCO_3.)

▷ En cas d'acidose métabolique, le poumon réagit immédiatement par une hyperventilation alvéolaire afin de baisser la $PaCO_2$ (contrebalance de la diminution de HCO_3.)

3. Implications clinico-thérapeutiques (cf. tableau 9 et 10)

▷ L'acidose (pH < 7,37) peut être :
- Métabolique : baisse des bicarbonates < 24 mmol/l
- Ou respiratoire : augmentation de la PCO_2 > 42 mmHg

▷ L'alcalose (pH > 7,43) peut être :
- Métabolique : augmentation des bicarbonates > 30 mmol /l
- Ou respiratoire : diminution de la PCO_2 < 35 mmHg

Anomalie acido-basique	Mécanisme initiale	Réponse compensatrice
Acidose métabolique	Diminution de HCO_3-	Diminution de la $PaCO_2$
Alcalose métabolique	Augmentation de HCO_3-	Augmentation de la $PaCO_2$
Acidose respiratoire	Augmentation de la $PaCO_2$	Augmentation de HCO_3-
Alcalose respiratoire	Diminution de la $PaCO_2$	Diminution de HCO_3-

Tableau 9 : Anomalies de l'équilibre acido-basique

▷ **Devant une acidose métabolique**, il faut calculer le trou anionique (TA)
- $TA = (Na^+ + K^+) - (HCO_3- + Cl^-) = 16$ mEq/l
- Il s'agit des anions indosés

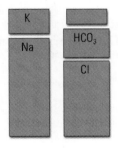

Cations = Anions

Acidose métabolique à TA élevé (gain de H$^+$) : acidose normochlorémique	Acidose cetose (diabète, jeun, alcool)
	Acidose lactique
	Insuffisance rénale aiguë
	Intoxication aux salicylés
	Intoxication méthanol
	Intoxication à éthylène glycol
Acidose métabolique à TA normal (pertes de HCO$_3$.) : acidose hyperchlorémique	Diarrhée
	Fistule duodénale, biliaire ou pancréatique
	Acidose tubulaire proximale
	Néphropathie interstitielle
	Hyperaldostéronisme
	Acidose secondaire à un remplissage (sérum physiologique)

Tableau 10 : Acidoses métaboliques et étiologies

▷ **Causes d'acidose respiratoire** : hypoventilation alvéolaire (BPCO, emphysème pulmonaire, insuffisance respiratoire)

▷ **Causes d'alcalose métabolique**
- Pertes d'acides : soit d'origine digestive (vomissements), soit d'origine rénale (diurétiques)
- Gains de bases : administration de bicarbonates
- Alcalose métabolique de contraction : liée à une déshydratation
- Transfert intracellulaire : hypercorticisme, hyperaldostéronisme

▷ **Causes d'alcalose respiratoire** : hyperventilation alvéolaire (ventilation mécanique, origine centrale)

Item 255. Physiopathologie insuffisance rénale aiguë.

1. Introduction

▷ L'insuffisance rénale aiguë (IRA) se définit par une baisse brutale et significative de la filtration glomérulaire

▷ L'incidence en réanimation est de 28 à 35 %

▷ L'insuffisance rénale aiguë (IRA) peut être :
- Fonctionnelle
- Organique : glomérulaire, vasculaire, tubulaire, interstitielle
- Obstructive

▷ L'IRA fonctionnelle est secondaire à une hypo-perfusion rénale

▷ Les causes d'hypo perfusion rénale sont multiples :
- Hypovolémie : hémorragies, pertes rénales (diurétiques, insuffisance surrénalienne, hyperglycémie, diabète insipide)
- Vasodilatation systémique : choc septique
- Insuffisance cardiaque
- IEC, ARAII, AINS

▷ En l'absence de correction de la cause en rapport avec une IRF, s'installe une insuffisance rénale aiguë organique, en rapport avec une ischémie – nécrose du parenchyme rénale

2. Physiopathologie de l'IRA fonctionnelle

▷ La filtration glomérulaire est altérée en cas d'anomalie hémodynamique soit en rapport avec une diminution de la pression de perfusion rénale soit en rapport avec une augmentation des résistances vasculaires rénales

▷ Plusieurs mécanismes sont impliqués dans la régulation rénale en réponse à une hypo-perfusion rénale :
- Production d'arginine vasopressine
- Stimulation du SRAA ave production d'angiotensine II. L'angiotensine II est à l'origine d'une vasoconstriction surtout de l'artériole efférente, l'effet vaso constrictif au niveau de l'artériole afférente étant en partie contrebalancé par l'action vasodilatatrice des prostaglandines. La vasoconstriction de l'artériole efférente a pour objectif de maintenir une pression capillaire intra-glomérulaire correcte
- Réabsorption de sodium de l'urée de l'eau dans le segment distal rénal par action de l'aldostérone et de la vasopressine
- Diminution de la synthèse rénale de Kallikréine
- Activation du système sympathique

3. Implications clinico-thérapeutiques

▷ Écho rénale devant toute insuffisance rénale aiguë pour éliminer une IRA obstructive

▷ Il faut savoir différentier une IRA fonctionnelle d'une IRA organique (cf. tableau 11)

	IRA fonctionnelle	IRA organique
Natriurèse	< 20 mmol/l	> 40 mmol/l
FE sodium (%)	< 1	> 2
FE urée (%)	< 35	> 35
Osmolalité (mmol/kg)	> 500	< 300

Tableau 11 : Différence entre IRA fonctionnelle et IRA organique

▷ Remplissage+++ en cas d'IRA fonctionnelle et arrêt des médicaments néphrotoxiques

1. Introduction

▷ Le diabète est un problème majeur de santé publique et touche plus de 2 millions de personnes en France

▷ La prévalence de la maladie augmente avec l'âge

▷ On distingue le diabète de type 1 (diabète d'origine auto-immune) du diabète de type 2 (diabète lié à une résistance à l'insuline)

▷ Le diabète de type 2 est une pathologie de l'adulte et concerne 80 à 90 % des patients diabétiques

▷ Le diabète de type 1 touche plutôt les sujets jeunes

▷ On parle de diabète en cas de glycémie à jeun > 1,26 g/l (7 mmol/l) à 2 reprises

2. Physiopathologie

▨ Physiopathologie diabète de type 2

▷ Dans le diabète de type 2, il existe une insulino-résistance à l'origine d'un défaut d'utilisation du glucose au niveau musculaire et d'une augmentation de la production hépatique de glucose, d'où l'hyperglycémie. L'insulino-résistance est favorisée par l'obésité

▷ L'insulino-résistance entraîne au niveau périphérique une diminution de la captation et de l'utilisation du glucose, une augmentation de la lipolyse avec diminution de la **clairance** des triglycérides

▷ Une insulinopénie relative s'installe progressivement avec le temps avec un défaut de sécrétion d'insuline, aboutissant au bout de quelques années au tableau de diabète insulino-requérant

▷ Glucotoxicité : l'hyperglycémie majore la résistance à l'insuline en entraînant une diminution de la réponse de la cellule bêta pancréatique à la stimulation liée à l'hyperglycémie

▷ Lipotoxicité : la lipolyse des adipocytes entraîne une augmentation de la production d'acides gras libres (AGL). Les AGL majorent la diminution de l'insulino-sécrétion

▨ Physiopathologie diabète type 1

▷ Le diabète de type 1 est caractérisé par une carence absolue en insuline

▷ Il est en rapport avec une destruction des cellules bêta du pancréas

▷ Il est le plus souvent d'origine auto-immune

▸ De nombreux auto-anticorps sont en cause : Ac anti-cellules d'îlot (ICA), Ac anti-glutamate décarboxylase (GAD), Ac anti-IA2, Ac anti-insuline

▸ De plus, il existe un terrain de prédisposition génétique au diabète de type 1

3. Implications clinico-thérapeutiques

▸ Dans le diabète de type 1, la carence en insuline est à l'origine d'une hyperglycémie qui entraîne une glycosurie avec diurèse osmotique et polyurie, à l'origine d'un tableau de déshydratation. Le patient compense la polyurie par la polydipsie. Le traitement repose surtout sur l'insulinothérapie, en plus du régime diabétique

▸ Dans le diabète de type 2, les antidiabétiques oraux sont reparties en :
• Insulinosensibilisateurs : glitazones et biguanides
• Insulinosécréteurs : sulfamides, glinides, inhibiteurs de l'**alpha**-glucosidase, inhibiteurs de la DPP-IV (Dipeptidyl Peptidase IV)

Item 245. Physiopathologie acidocétose diabétique.

1. Introduction

▷ L'acidocétose diabétique est une complication aiguë du diabète, en l'occurrence du diabète de type 1

▷ C'est une pathologie du sujet jeune qui peut être révélatrice de la maladie diabétique

▷ Elle résulte d'une carence aiguë en insuline, hormone anabolisante et d'une augmentation des hormones impliquées dans la contre-régulation de la glycémie (glucagon, cortisol, catécholamine, hormone de croissance)

2. Physiopathologie

▷ Dans l'acidocétose diabétique, l'association insulinopénie + augmentation de production de glucagon, de cortisol, de catécholamines et de GH est à l'origine d'une stimulation de la glycogénolyse hépatique et de la néoglucogénèse. Il en résulte une hyperproduction de glucose à l'origine d'une hyperglycémie qui entraîne une glycosurie et une diurèse osmotique. Ces mécanismes sont responsables à leur tour de pertes hydro-électrolytiques avec déshydratation++

▷ Le catabolisme lipidique est aussi activé dans l'acidocétose avec augmentation de la lipolyse. Il en résulte une hyperproduction d'acides gras libres avec cétogénèse à l'origine d'une acidose métabolique liée à l'hyperproduction de cétones

3. Implications clinico-thérapeutiques

▷ Penser à rechercher des corps cétoniques (bandelette urinaire) chez le patient ayant une hyperglycémie importante

▷ L'acidocétose diabétique est une urgence thérapeutique

▷ Chez le patient en acidocétose diabétique,
- L'acidose métabolique est à trou anionique augmenté
- L'acidose métabolique est à l'origine d'une hyperventilation qui a pour objectif d'éliminer le CO_2 ; Le patient présente alors une dyspnée de Küssmaul

▷ La prise en charge thérapeutique de l'acidocétose diabétique repose sur :
- Une réhydratation++
- Une insulinothérapie++
- Des apports potassiques, en fonction de l'ionogramme

Item 245. Physiopathologie du syndrome d'hyperglycémie hyper osmolaire.

1. Introduction

▷ Le **syndrome d'hyperglycémie hyper osmolaire** (SHH) est une complication grave du diabète de type 2

▷ Il touche surtout le sujet âgé

▷ Le facteur déclenchant peut être un sepsis, une pathologie ischémique ou toute autre agression aiguë

2. Physiopathologie

▷ La carence relative en insuline va être à l'origine d'une stimulation de la néoglucogénèse et de la glycogénolyse hépatique

▷ Ces 2 phénomènes vont entraîner une hyperglycémie et une diurèse osmotique à l'origine de la déshydratation et des anomalies hydro-électrolytiques

▷ La déshydratation, à son tour, est à l'origine de l'apparition d'une insuffisance rénale fonctionnelle

▷ L'insuffisance rénale auto-entretient l'état d'hyper osmolalité

▷ Enfin, comme l'insulinopénie est relative dans le SHH, la cétogénèse reste très minime voire absente

3. Implications clinico-thérapeutiques

▷ Le **syndrome hyper osmolaire hyperglycémique** associe :
- Glycémie > 33 mmol/l
- Hyper osmolalité plasmatique > 320 mOsml/kg
- pH > 7,3 avec des bicarbonates sériques > 15 mmol/l
- Absence de cétonurie

▷ Le traitement associe :
- Insulinothérapie
- Réhydratation et correction des anomalies hydro-électrolytiques
- Traitement du facteur déclenchant
- Arrêt des diurétiques
- Surveillance régulière : clinique, diurèse glycémie, ionogramme, fonction rénale

Item 242. Physiopathologie de l'hypophyse.

1. Introduction

▶ L'hypophyse est localisée dans la selle turcique

▶ Elle est reliée à l'hypothalamus par la tige pituitaire

▶ Il comprend l'antéhypophyse et la post-hypophyse

▶ L'hypophyse antérieure joue un rôle important en endocrinologie :
production d'hormones antéhypophysaires

▶ L'hypophyse postérieure est impliquée dans la production de vasopressine
et d'ocytocine *via* les axones des neurones hypothalamiques

2. Physiopathologie

▶ L'hypophyse antérieure est sous le contrôle d'hormones hypothalamiques

▶ **Au niveau hypothalamique**, plusieurs hormones sont secrétées,
à l'origine d'une stimulation de la libération d'hormones antéhypophysaires
(cf. figure 23)

- TRH (thyrotropin-RH) : stimule la production de TSH
(thyroid stimulating hormon) et de prolactine
- CRH (corticotrophin-RH) : stimule la production d'ACTH
(adrénocorticotropine)
- GhRH (growth hormon-RH) : stimule la production de l'hormone
de croissance
- GnRH (gonadotrophin-RH) : stimule la production de FSH
(folliculo stimulating hormon) et LH (luteinising hormon)

▶ **Hormones inhibitrices produites au niveau hypothalamique**

- Dopamine : inhibe la production de prolactine
- Somatostatine : inhibe la production de l'hormone de croissance

▶ **Au niveau antéhypophysaire**

- La sécrétion des hormones se fait de façon pulsatile suivant le cycle
nycthéméral
- Il existe un rétrocontrôle négatif exercé par les hormones périphériques
- L'algorithme ci-dessous résume les hormones antéhypophysaires avec
leur action au niveau périphérique

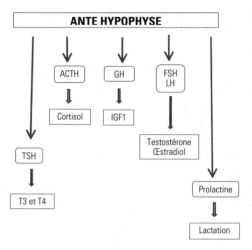

Figure 23 : Hormones de l'axe anté-hypophysaire

▸ **Hormone de croissance (GH)**

- Agit son effecteur périphérique, l'IGF1
- Stimulation de la croissance des cartilages
- Anabolisme musculaire à l'origine d'hypertrophie ventriculaire, de macroglossie, de syndrome d'apnée du sommeil (en rapport avec l'épaississement des muqueuses)
- Croissance et développement cellulaire à l'origine d'organomégalie
- Action hyperglycémiante

▸ **ACTH**

- Augmentation de la production de glucocorticoïdes
- Augmentation de la lipolyse
- Augmentation de la pigmentation cutanée par synthèse de mélanine
- Action sur les lymphocytes

▸ **Prolactine**

- La prolactine est contrôlée de façon négative par la dopamine d'origine hypothalamique
- Ainsi, l'hyperprolactinémie d'origine tumorale peut survenir soit par production directe de prolactine à partir d'un adénome hypophysaire, soit par « déconnection », en rapport avec une compression de la tige pituitaire (blocage de la dopamine hypothalamique)
- L'hyperprolactinémie est à l'origine d'un blocage de la pulsatilité de la LHRH et donc de la sécrétion de LH et FSH, d'où l'installation d'un tableau d'aménorrhée ou de cycles irréguliers (par blocage de l'ovulation)

3. Implications clinico-thérapeutiques

▷ Dans l'**adénome hypophysaire**, le patient peut présenter :
- Un **syndrome tumoral** : céphalées, diplopie, réduction du champ visuel. L'IRM hypophysaire+++ joue un rôle diagnostic majeur
- Une **hypersécrétion d'un ou plusieurs hormones antéhypophysaires** : acromégalie (GH) avec risque d'HTA, d'insuffisance cardiaque, hyper prolactinémie (aménorrhée, galactorrhée, troubles sexuels), maladie de Cushing (hyperproduction d'ACTH), hyperthyroïdie haute (TSH)
- Un **déficit hormonal** (une ou plusieurs lignées hormonales) : déficit corticotrope, déficit gonadotrope, déficit thyréotrope, déficit somatotrope. On parle de **panhypopituitarisme** en cas de déficit de l'ensemble des lignées hormonales

▷ Risque d'insuffisance surrénalienne aiguë en cas de pan hypopituitarisme

1. Introduction

▸ La surrénale est composée de :
  - Une corticosurrénale : comprend une zone glomérulée, une zone fasciculée et une zone reticulée
  - Une médullo-surrénale : intervient dans la production de catécholamines (adrénaline, noradrénaline)

▸ L'insuffisance surrénalienne peut être d'origine haute ou périphérique

▸ L'insuffisance surrénalienne est une pathologie potentiellement grave à cause du risque d'insuffisance surrénalienne aiguë

2. Physiopathologie

▸ Le cortisol est secrété par la corticosurrénale (zone fasciculée). La production de cortisol est stimulée par l'ACTH provenant de l'hypophyse. Le cortisol exerce un rétrocontrôle négatif sur la production d'ACTH

▸ Le cortisol est à l'origine de :
  - Une stimulation du catabolisme protidique
  - Une stimulation de la lipogenèse
  - Une stimulation de la néoglucogenèse à l'origine d'un effet hyperglycémiant
  - Un effet anti-inflammatoire
  - Effet minéralo-corticoïde (à dose importante)

▸ L'adostérone est secrétée par la zone glomérulée de la corticosurrénale et est sous la dépendance de la rénine. L'aldostérone est à l'origine d'une rétention sodée et d'une excrétion de potassium. En cas d'insuffisance surrénalienne haute (en rapport avec un défaut de production d'ACTH), la sécrétion d'aldostérone est conservée

▸ La zone réticulée est à l'origine de la production d'androgènes surrénaliens, par action de l'ACTH

▸ Dans l'insuffisance surrénalienne périphérique
  - Il existe un déficit en cortisol et en aldostérone
  - Du fait de la perte du rétrocontrôle négatif, le taux d'ACTH est élevé et le patient présente une mélanodermie

▸ Dans l'insuffisance surrénalienne haute
  - La production d'aldostérone est conservée
  - Le taux d'ACTH est diminué

3. Implications clinico-thérapeutiques

▷ Dans l'insuffisance surrénalienne haute
- Il n'existe pas de perte de sel
- En effet, la sécrétion d'aldostérone est préservée et l'ACTH est basse

▷ Biologie en cas d'insuffisance surrénalienne
- Hyponatrémie avec natriurèse élevée
- Hyperkaliémie avec kaliurèse basse
- Hypoglycémie
- Cortisolémie basse

▷ Le test au Synacthène +++ est très utile pour le diagnostic d'insuffisance surrénalienne

▷ Prise en charge thérapeutique de l'insuffisance surrénalienne basse : hormonothérapie substitutive (hydrocortisone, fludro-cortisone) ++++ et éducation du patient++ (augmentation des doses d'hydrocortisone en cas de stress, de pathologie intercurrente, traitement à vie)

▷ L'insuffisance surrénalienne aiguë est une urgence thérapeutique
- Traitement par remplissage du patient, apport important+++ de sérum physiologique
- Apport d'hemisuccinate d'hydrocortisone+++
- Traitement du facteur déclenchant
- Éducation du patient

	Insuffisance surrénalienne basse	Insuffisance surrénalienne haute
Sémiologie cutanée	Hyperpigmentation	Pâleur
Biologie	Hyponatrémie (par perte de sel) Hyperkaliémie	Hyponatrémie (de dilution) Kaliémie souvent normale
Pathologies à rechercher	Tuberculose Pathologie auto-immune (vitiligo hypothyroïdie)	Insuffisance hypophysaire

Tableau 12 : Différences entre insuffisance surrénalienne basse et insuffisance surrénalienne haute

1. Introduction

▷ La carence en fer est une cause très fréquente d'anémie

▷ L'anémie par carence martiale est microcytaire

2. Physiopathologie

▷ Le fer est essentiel pour la synthèse de l'hémoglobine

▷ Il circule dans l'organisme grâce à la transferrine qui est produite par le foie

▷ En cas de carence en fer (cf. tableau 13) :
  • On note d'abord une diminution du taux de ferritine (réserves en fer)
  • Une augmentation de la transferrine, en réponse à la baisse du taux de ferritine
  • Puis une baisse du fer sérique

▷ Chez le patient ayant une carence en fer
  • Le déficit en fer est à l'origine d'une diminution de la synthèse d'hémoglobine par les érythroblastes
  • Le nombre de mitoses des érythroblastes augmente en réponse à la carence en fer
  • Apparaît alors une microcytose

▷ **4 mécanismes** peuvent être à l'origine d'une carence martiale
  • Défaut d'absorption du fer
  • Carence d'apport
  • Majoration des besoins
  • Pertes en fer (saignements chroniques)

3. Implications clinico-thérapeutiques

▷ Étiologies des anémies microcytaires
  • Carence martiale
  • Anémie inflammatoire
  • Thalassémie

	Carence martiale	**Anémie inflammatoire**
Ferritine	Diminuée++	Normale ou augmentée
Fer sérique	Bas	Bas
Transferrine	Augmentée	Normale ou diminuée
CST	Diminué	Normal
CRP, VS, fibrinogène	Normal	Augmentés

Tableau 13 : Tableau comparatif entre carence martiale et anémie inflammatoire
CST = coefficient de saturation de la transferrine

▷ **Bilan devant une anémie microcytaire**
- Bilan martial : fer sérique, ferritine sérique++,
  oefficient de saturation de la transferrine
- Bilan inflammatoire

▷ Devant une **anémie par carence martiale**, rechercher un saignement
chronique : origine digestive ou gynécologique

Item 209. Physiopathologie anémie inflammatoire.

1. Introduction

L'anémie inflammatoire est fréquente en médecine

Elle est présente chez les patients ayant une inflammation chronique ou un sepsis

2. Physiopathologie

▷ Plusieurs mécanismes sont impliqués dans l'anémie inflammatoire :
- Insuffisance de l'érythropoïèse par inhibition des progéniteurs érythroïdes et dysfonctionnement de l'EPO
- Dysfonctionnement du métabolisme du fer, ce dernier étant séquestré par les macrophages
- Il en résulte une diminution de la synthèse de l'hémoglobine à l'origine d'une augmentation réactionnelle du nombre de mitoses, ce qui explique la microcytose
- Raccourcissement de la durée de vie des hématies

3. Implications clinico-thérapeutiques

▷ Dans l'anémie inflammatoire
- La transferrine est diminuée, en rapport avec une diminution de sa production et une hyperconsommation locale de la transferrine (site inflammatoire)
- La ferritine (réserves en fer) reste à taux normal voire élevé

Item 212. Physiopathologie hémostase.

1. Introduction

▶ L'hémostase fait intervenir :
  • L'hémostase primaire, à l'origine de la formation du clou plaquettaire
  • La coagulation à l'origine de la consolidation du thrombus
  • La fibrinolyse qui permet de lyser le caillot

▶ L'endothélium vasculaire et les plaquettes jouent un rôle majeur dans l'hémostase primaire

▶ Plusieurs pathologies (micro-angiopathies thrombotiques, CIVD, choc septique, insuffisance hépatique aiguë, traitement anticoagulant) peuvent être à l'origine d'anomalies de la coagulation

2. Physiopathologie

▶ Hémostase primaire
  • À la suite d'une brèche vasculaire, apparaît une vasoconstriction réflexe avec d'une activation de l'hémostase locale.
  • La rupture de la barrière endothéliale va entraîner une activation du facteur Willebrand
  • Le facteur Willebrand entraîne l'adhésion et l'activation plaquettaire
  • L'agrégation plaquettaire (à l'origine de la formation du clou plaquettaire) se fait grâce au fibrinogène, aux glycoprotéines de surface (GP IIb IIIa) et à la libération locale d'enzymes

▶ La **coagulation** est une étape permettant la consolidation du thrombus. Le processus de coagulation fait intervenir plusieurs facteurs de la coagulation (production hépatique) et aboutit à la formation de caillot composé de fibrine :
  • Le facteur VII (activé à la suite d'une brèche vasculaire) est à l'origine de l'activation de la cascade de la coagulation
  • Le facteur X est activé par le complexe facteur tissulaire/facteur VIIa
  • Le complexe facteur Xa-cofacteur Va entraîne une activation de la prothrombine en thrombine (IIa)
  • La thrombine convertit le fibrinogène en fibrine

▶ Classiquement, on distingue dans la coagulation
  • La voie intrinsèque impliquant les facteurs XII, XI, IX, VIII, X, V, II et le fibrinogène
  • La voie extrinsèque impliquant les facteurs VII, X, V, II et le fibrinogène

▷ Mécanismes inhibiteurs de la coagulation
- Antithrombine
- Protéine C
- Protéine S

▷ Fibrinolyse
- Il s'agit d'un processus physiologique qui a pour objectif de lyser le caillot afin de rétablir le flux sanguin
- Elle fait intervenir la plasmine qui provient de la transformation du plasminogène (protéine synthétisée par le foie)
- La fibrinolyse est régulée par des inhibiteurs physiologiques de la plasmine et des inhibiteurs physiologiques du plasminogène

3. Implications clinico-thérapeutiques

▷ Le **TQ** explore les facteurs de la coagulation impliqués dans la voie extrinsèque : facteurs VII, X, V, II et fibrinogène

▷ Le **TCA** explore les facteurs de la coagulation impliqués dans la voie intrinsèque : facteurs XII, XI, IX, VIII, X, V, II et fibrinogène

▷ Biologie dans la CIVD
- Allongement TQ et TCA
- Augmentation des D-dimères
- Baisse du taux de fibrinogène
- Thrombopénie

▷ Les **facteurs vitamine K dépendants** = facteurs II, VII, IX et X

▷ Parmi les **nouveaux anticoagulants**, on distingue :
- Les anti Xa spécifiques : rivaroxaban (voie orale), apixaban (voie orale), fondaparinux (utilisation en IV ou en SC)
- Les anti-thombines (ou anti Xa) spécifiques : dabigatran (voie orale), bivalirudine (voie IV ou SC)

Item 90. Physiopathologie voie pyramidale.

1. Introduction

▷ Le faisceau pyramidal (voie cortico-spinale) joue un rôle majeur dans la commande motrice volontaire

▷ Plusieurs pathologies (AVC, tumeur cérébrale) sont à l'origine d'un déficit neurologique en rapport avec une atteinte du faisceau pyramidal

2. Physiopathologie

▷ Le faisceau pyramidal (cf. figure 24) est une voie motrice qui provient de l'aire motrice frontale

▷ Le faisceau passe d'abord par le bras postérieur de la capsule interne avant d'arriver au niveau du tronc cérébral

▷ Au niveau du tronc cérébral
- 80 % des fibres du faisceau pyramidal decussent (partie basse du bulbe) pour former le tractus cortico-spinal latéral controlatéral
- Le reste (20 %) des fibres restent ipsi latérales pour former le tractus cortico spinal antérieur

▷ De plus, au niveau du tronc cérébral, une partie des fibres du faisceau pyramidal vont vers les noyaux des nerfs crâniens moteurs (tractus cortico nucléaire) : noyaux du III, IV, V, VI, VII, IX, X, XI et XII

▷ Au niveau de la moelle épinière, le faisceau pyramidal chemine dans le cordon latéral avant relai dans la corne antérieure de la moelle épinière

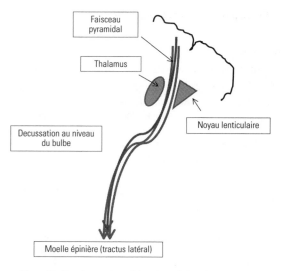

Figure 24 : Représentation schématique de la voie pyramidale

3. Implications clinico-thérapeutiques

▷ Dans le syndrome pyramidal, le patient présente
- Un déficit moteur lié à l'atteinte motrice
  (muscles extenseurs au niveau du membre supérieur, muscles
  fléchisseurs au niveau du membre inférieur) : signe de Garcin (MS),
  signe de Mingazzini et signe de Barré (MI)
- Hémiplégie controlatérale à la lésion en cas d'atteinte cérébrale
  (avant la décussation)
- Des signes de spasticité (après quelques jours)
- ROT vifs, diffusés et poly cinétiques
- Signe de Babinski

▷ En cas d'atteinte cérébrale
- Le déficit moteur (hémiplégie) est soit proportionnelle si lésion
  de la capsule interne, soit non proportionnelle si lésion corticale
- Rechercher une atteinte associée des nerfs crâniens

▷ En cas d'atteinte médullaire : le déficit moteur est souvent une paraplégie
voire une tétraplégie

1. Introduction

▸ La compression médullaire est une urgence thérapeutique

▸ Comprendre la physiologie de la moelle épinière aide à mieux appréhender la sémiologie neurologique dans cette pathologie.

2. Physiopathologie

▸ La moelle épinière s'étend de la jonction cervico-occipitale jusqu'au niveau L1-L2

▸ Elle se termine par le cône terminal (niveau L1-L2)

▸ La moelle épinière est à l'origine de :
- Nerfs cervicaux : C1 à C8
- Nerfs thoraciques (dorsaux) : D1 à D12
- Nerfs lombaires : L1 à L5
- Nerfs sacrés : S1 à S5
- Nerf coccygien : coccyx

▸ À partir d'une coupe transversale, on distingue une substance grise et une substance blanche

▸ La substance grise (cf. figure 25) a la forme d'un papillon et est entourée de substance blanche. elle contient :
- Une corne antérieure : localisation des motoneurones (activité motrice des muscles périphériques)
- Une corne latérale : elle joue un rôle végétatif ; elle est présente au niveau S2-S4 (fibres parasympathiques) et au niveau C8-L2 (fibres sympathiques)
- Une corne postérieure : contient les noyaux des cellules sensitives ; régulation des informations douloureuses

▸ La substance blanche contient des voies ascendantes et des voies descendantes :
- Pour les voies sensitives ascendantes : la **voie spinothalamique ou extralemniscale** (sensibilité thermo-algique) chemine dans le cordon latéral de la moelle épinière. La **voie lemniscale** (sensibilité tactile épicritique et sensibilité profonde) chemine dans le cordon postérieur
- Pour les voies motrices descendantes : le **faisceau pyramidal** (voie motrice volontaire) chemine dans le cordon latéral de la moelle
- La voie motrice extrapyramidale (voie motrice automatique) chemine dans le cordon latéral (tractus réticulo-spinal latéral, tractus rubro-spinal) et le cordon ventral (tractus réticulo-spinal antérieur, tractus vestibulo-spinal, tractus tecto-spinal)

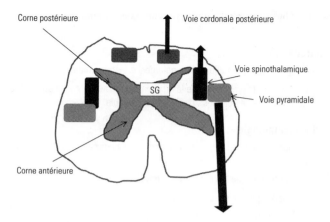

Figure 25 : Représentation schématique médullaire
SG = substance grise

3. Implications clinico-thérapeutiques

▷ Dans la **compression médullaire**, il existe
- Un syndrome sous-lésionnel central++
- Un syndrome lésionnel périphérique++
- Parfois un syndrome rachidien

▷ Le **syndrome sous-lésionnel** comprend un syndrome pyramidal, un déficit sensitif et tardivement des troubles sphinctériens

▷ Des troubles proprioceptifs prédominent au premier plan en cas de compression médullaire postérieure

▷ Le syndrome pyramidal prédomine au premier plan en cas de compression médullaire antérieur

▷ Sémiologie d'une compression d'une hémi-moelle (**syndrome de Brown-Sequard**)
- Syndrome pyramidal du côté de la lésion
- Troubles de la sensibilité proprioceptive du côté de la lésion
- Troubles de la sensibilité thermo algique du côté opposé à la lésion
- Syndrome lésionnel du côté de la lésion

▷ Le **syndrome de la queue-de-cheval** est lié à une souffrance des racines L2 à L5 et sacrées ; ainsi, comme il n'existe pas d'atteinte centrale médullaire, le patient n'a pas de signes pyramidaux

▶ Le **syndrome de la queue-de-cheval** associe
- Des troubles génito-sphinctériens
- Une abolition des ROT
- Un déficit moteur MI (L4, L5, S1)
- Des troubles sensitifs aux MI et des douleurs type radiculaires (sciatique, cruralgie, douleurs périnéales)
- Une anesthésie en selle

1. Introduction

▶ L'accident vasculaire cérébral (AVC) est un problème majeur de santé publique

▶ Elle touche en France 130 000 personnes chaque année

▶ L'AVC est première cause de handicap

▶ L'AVC est la 3e cause de décès

▶ On distingue :
- L'AVC ischémique : 80 % des AVC
- L'AVC hémorragique : 20 % des AVC

2. Physiopathologie

▶ Plusieurs facteurs de risque sont impliqués dans l'AVC
- HTA
- Tabagisme
- Hypercholestérolémie
- Diabète
- Alcoolisme chronique
- Migraine + pilule + tabac

▶ Topographie artérielle de l'AVC
- Territoire carotidien
- Territoire vertébro-basilaire

▶ Territoire artériel

On distingue :
- 4 axes : 2 artères carotides et 2 artères vertébrales
- La carotide interne va être à l'origine de l'artère ophtalmique, l'artère cérébrale moyenne, l'artère cérébrale antérieure, l'artère choroïdienne antérieure
- L'artère vertébrale va être à l'origine du tronc basilaire, des artères cérébrales postérieures et des artères cérébelleuses

▶ Physiopathologie de l'ischémie cérébrale
- L'ischémie cérébrale est un phénomène dynamique
- En fonction de l'importance de l'hypo-perfusion cérébrale, l'ischémie cérébrale peut être réversible (on parle de pénombre) ou irréversible (infarctus) (cf. figure 26)
- Plus l'ischémie est sévère, plus l'infarctus se constitue rapidement

- On distingue ainsi au sein des territoires ischémiés, un centre (zone de nécrose sans viabilité) et des zones périphériques d'olighémie (cellules encore viables)
- Dans la zone périphérique dite « de pénombre », le rétablissement rapide du débit sanguin permet de préserver le tissu

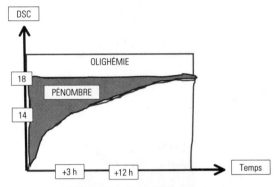

Figure 26 : DSC (débit sanguin cérébral) en fonction du temps

3. Implications clinico-thérapeutiques

▷ Réflexe dans l'AVC = AVC (Agir vite pour le cerveau)

▷ Dans la pratique, il faut :
- Reconnaître l'AVC+++
- Préciser le type d'AVC (imagerie cérébrale+++) et la topographie
- Déterminer l'étiologie
- La gravité (score NIHSS) et le profil évolutif

▷ **Atteinte de l'ACM** (figure 27)
- Hémiplégie droite + aphasie
- Hémiplégie gauche + anosognosie
- Prédominance brachio-céphalique
- Le patient regarde sa lésion

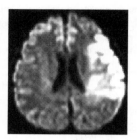

Figure 27 : IRM cérébrale : atteinte de l'ACM

▶ **Atteinte de l'ACA** (figure 28)
- Déficit moteur prédominant au membre inférieur avec hémiplégie et hémianopsie latérale homonyme (HLH) (artère choroïdienne antérieure)
- OACR

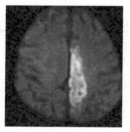

Figure 28 : Atteinte de l'ACA

▶ **Atteinte de l'artère cérébrale postérieure** (ACP) (cf. figure 29)
- Hémianopsie
- Troubles neuropsychologiques
- Confusion
- Cécité corticale

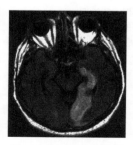

Figure 29 : Atteinte de l'ACP

▶ **Atteinte de l'artère cérébelleuse** : vertiges avec chutes

▶ **Atteinte du tronc cérébral**

- Vertiges avec chute
- Dysarthrie
- Troubles de la déglutition
- Diplopie
- Nystagmus
- Atteintes des voies longues
- Syndrome alterne (Wallenberg)

▶ **Prise en charge thérapeutique de l'AVC ischémique**

- Urgence thérapeutique
- Prise en charge dans les « stroke center »
- Imagerie cérébrale en urgence (IRM+++)
- Thrombolyse dans les 3 h (risque hémorragique++)
- Antiagrégant plaquettaire
- Statines
- Prise en charge des FDR CV

▶ **Surveillance neurologique+++**

▶ **Surveillance des constantes** : il faut éviter++

- Hyperthermie
- Hyperglycémie
- Hypotension
- Hypoxie

▶ **TA+++ à surveiller** : ne traiter que si PAS > 220 mmHg ou PAD > 120 mmHg

1. Introduction

▶ Le coma est un motif fréquent d'admission en réanimation

▶ Le diagnostic de coma est clinique : altération de la conscience et de la vigilance avec score de Glasgow ≤ 7

▶ Il peut être en rapport avec un traumatisme crânien, une hémorragie intracérébrale, une intoxication médicamenteuse, un accident vasculaire cérébral, une encéphalite

▶ Le patient doit être pris en charge rapidement avec recours à l'intubation pour ventilation mécanique

2. Physiopathologie

▶ Le maintien de la vigilance fait intervenir
- Le cortex cérébral
- Le thalamus
- La substance réticulée activatrice ascendante (SRAA) +++ qui est située dans la partie haute du tronc cérébral
- L'hypothalamus

▶ La SRAA comprend plusieurs systèmes
- Le système cholinergique (tegmentum ponto-mésencéphalique)
- Le système sérotoninergique (noyau du raphé)
- Le système noradrénergique (locus coeruleus)
- Le système dopaminergique (substance nigrée)
- Le système histaminergique (hypothalamus postérieur)
- Le système GABAergique intra-thalamique
- Le système glutaminergique

3. Implications clinico-thérapeutiques

▶ L'examen neurologique du patient comateux est capital :
- Recherche de signes de localisation
- Recherche d'un syndrome pyramidal
- Analyse des pupilles
- Recherche des réflexes du tronc cérébral
- Échelle de Glasgow (cf. tableau 14)

Réponse motrice (point(s))	Réponse verbale (point(s))	Réponse oculaire (point(s))
Aucune à la douleur (1)	Aucune (1)	Aucune (1)
Décérébration à la douleur (2)	Incompréhensible (2)	À la douleur (2)
Décortication à la douleur (3)	Inappropriée (3)	Au bruit (3)
Évitement à la douleur (4)	Confuse (4)	Spontanée (4)
Orientée à la douleur (5)	Orientée (5)	
À la parole (6)		

Tableau 14 : Score de Glasgow

▶ Purpura + coma = purpura fulminans jusqu'à preuve du contraire
= C3G en urgence

▶ Chez le patient comateux

- Une mydriase unilatérale peu ou pas réactive évoque un engagement temporal
- Une mydriase bilatérale non réactive traduit une lésion bilatérale du mésencéphale
- Un myosis bilatéral punctiforme évoque une intoxication aux opiacés (morphine, héroïne) ou une lésion protubérantielle
- Un myosis bilatéral modéré évoque une lésion diencéphalique ou une encéphalopathie d'origine toxique ou métabolique

1. Introduction

▶ L'hypertension intracrânienne (HTIC) se définit par une valeur de pression intracrânienne (PIC) ≥ 20 mmHg

▶ C'est une complication grave des pathologies du SNC nécessitant une hospitalisation en réanimation spécialisée

2. Physiopathologie

▶ Le crâne étant une boîte inextensible (volume cerveau + volume LCR + volume du sang = constant), l'augmentation de volume d'un des 3 secteurs se fait au détriment d'un autre secteur avec un risque d'engagement cérébral

▶ Pour rappel
- La pression intracrânienne (PIC) normale est < 15 mmHg
- La pression de perfusion cérébrale (PPC) = PAM-PIC, PAM étant la pression artérielle moyenne. Il existe un risque d'ischémie cérébrale en cas de PPC < 60 mmHg ; de même, il existe un risque d'œdème cérébral en cas de PPC > 70 mmHg
- Le débit sanguin cérébral (DSC) = PPC/RVC

▶ Le **débit sanguin cérébral** (DSC) joue un rôle capital dans la perfusion cérébrale. Plusieurs facteurs interviennent dans la régulation du DSC :
- **Facteurs intrinsèques** : régulation myogénique, régulation neurogenique, métabolisme
- **Facteurs extrinsèques** : PCO_2, PaO_2, température, PAM, PPC, viscosité sanguine

▶ Le réflexe de Cushing
- En réponse à la baisse de la PPC, il existe une augmentation de la production de catécholamines à l'origine de l'élévation tensionnelle avec la fameuse triade : HTA, bradycardie, anomalies du rythme

▶ Des **mécanismes de compensation** se mettent en place en cas d'élévation de la PIC
- Au niveau du système ventriculaire : diminution de la production de LCR et redistribution du LCR (déplacement vers le secteur spinal)
- Constriction veineuse

▶ L'augmentation de la PIC entraîne une réduction de la pression de perfusion cérébrale (PPC), à l'origine d'une diminution du débit sanguin cérébral (DSC) avec pour conséquence l'apparition d'une ischémie cérébrale globale

▶ L'installation de l'HTIC dépend du néo-volume, de la vitesse d'installation et des mécanismes de compensation

▷ L'œdème cérébral fait intervenir 3 mécanismes :
- Œdème mécanique par un déséquilibre des gradients de pression hydrostatique ou osmotique
- Œdème vasogénique par perturbation de la BHE
- Œdème cytotoxique par perturbation de la membrane astrocytaire

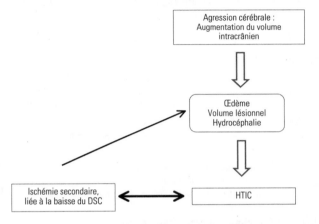

Figure 30 : Physiopathologie HTIC

▷ **Cercle vicieux de Rosner**

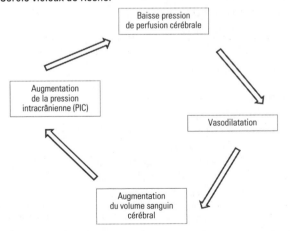

Figure 31 : Cercle vicieux de Rosner

▷ **Autorégulation cérébrale** (cf. figure 32)
- L'autorégulation cérébrale est maintenue en cas de variation inverse entre la PIC et la PAM
- En cas de variation dans le même sens entre la PIC et la PAM, l'autorégulation est abolie
- Du fait de l'autorégulation cérébrale, les modifications du DSC se voient en cas de PPC < 50 mmHG

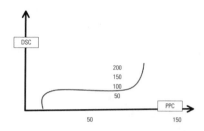

Figure 32 : Autorégulation cérébrale. PPC (pression de perfusion cérébrale) en fonction du DSC (débit sanguin cérébral)

DSC : exprimé en % de la normale – PPC exprimée en mmHg

3. Implications clinico-thérapeutiques

▷ Conséquences de l'HTIC
- Risque d'engagement temporal
- Risque d'engagement amygdalien

▷ Causes d'élévation de la PIC
- Tumeur expansive
- Œdème cérébral
- Hydrocéphalie
- AVC
- Phénomènes vasomoteurs

▷ Monitoring du patient
- Doppler trans crânien
- Mesure invasive de la PIC

▷ Importance de la prévention des ACSOS
- Contrôle de la PAM : objectif PAM > 90 mmHg
- Contrôle oxygénation : objectif $SatO_2$ > 95 %
- Contrôle de la température : entre 36,5 °C et 37,5 °C
- Contrôle osmolarité
- Contrôle glycémie
- Contrôle natrémie

Item 99. Physiopathologie paralysie faciale.

1. Introduction

▷ La paralysie faciale peut être d'origine périphérique ou centrale

▷ En cas d'atteinte centrale, la paralysie faciale est associée à un déficit neurologique central touchant l'hémicorps homolatéral à la paralysie faciale

▷ La paralysie faciale périphérique (PFP) est le plus souvent d'origine idiopathique (paralysie faciale à **frigore**)

2. Physiopathologie

▷ Le nerf facial est un nerf mixte

▷ Son noyau est localisé dans la protubérance. À partir du noyau, les fibres prennent d'abord un trajet dorsal (contourne le noyau du VI) avant de se diriger vers l'angle ponto-cérébelleux ; les fibres pénètrent alors dans le méat acoustique puis le canal facial et sortent de la base du crâne par le foramen stylomastoïdien

▷ Il assure :
- L'innervation motrice des muscles de la face
- L'innervation sensitivo-sensorielle : sensibilité gustative des 2/3 antérieurs de la langue, sensibilité superficielle de la zone de Ramsay-Hunt
- Innervation végétative : glandes lacrymales et salivaires

3. Implications clinico-thérapeutiques

▷ Comme l'innervation du territoire facial supérieur provient des 2 hémisphères, en cas de paralysie faciale centrale, le déficit moteur est localisé à la moitié inférieure du visage

▷ Dans la paralysie faciale périphérique :
- Abolition du réflexe cornéen (par atteinte du muscle orbiculaire innervé par le VII)
- Rechercher d'éventuelles autres atteintes associées : hypoesthésie cutanée dans la zone de Ramsay-Hunt, hyperacousie douloureuse (atteinte du muscle stapédien), aguesie des deux tiers antérieurs de l'hémi-langue, tarissement des sécrétions lacrymales (test de Schirmer)

▷ **Différences entre paralysie faciale périphérique (PFP) et paralysie faciale centrale (PFC)**

	Paralysie faciale périphérique	Paralysie faciale centrale
Localisation du déficit au niveau du visage	Atteinte de la partie supérieure et inférieure du visage Signe de Charles Bell Effacement du pli nasogénien, déviation des traits du visage du côté sain, impossibilité de gonfler les joues Effacement des rides du front Signe de Soucques	Atteinte prédominant à la moitié inférieure du visage
Dissociation automatico volontaire	Non	Oui
Signes neurologiques associés	Rares	Présence de déficit central sensitivomoteur de l'hémicorps homolatérale à la paralysie faciale

Tableau 15 : Comparaison entre paralysie faciale périphérique (PFP) et paralysie faciale centrale (PFC)

NB :

▸ **Signe de Soucques** : fermeture possible des paupières mais les cils restent plus visibles du côté atteint

▸ **Signe de Charles Bell** : incapacité à fermer les paupières du côté atteint

1. Introduction

▷ Une diplopie monoculaire, diplopie disparaissant à l'occlusion de l'œil atteint, doit faire rechercher une cause ophtalmologique (cornée, iris, cristallin)

▷ La diplopie binoculaire doit faire rechercher une cause neurologique. Elle est liée à une atteinte oculomotrice

2. Physiopathologie

▷ On distingue 3 nerfs oculomoteurs, à l'origine de l'innervation des muscles oculomoteurs, impliqués dans les mouvements de chaque œil (cf. tableau 16)

- Le III ou nerf oculomoteur commun : pour le droit supérieur droit inférieur, l'oblique inférieur, le droit médial, le releveur de la paupière supérieure, le sphincter pupillaire et l'accommodation
- Le IV ou nerf pathétique : pour l'oblique supérieur
- Le VI ou nerf oculomoteur externe : pour le droit latéral

Droit supérieur	En haut et en dehors
Droit inférieur	En bas et en dehors
Droit latéral	En dehors
Droit médial	En dedans
Oblique supérieur	En bas et en dedans
Oblique inférieur	En haut et en dedans

Tableau 16 : Champ d'action des muscles oculomoteurs

▷ Dans le tronc cérébral se trouvent les noyaux des nerfs oculomoteurs

▷ On distingue aussi :

- Les **voies internucléaires** qui connectent les noyaux oculomoteurs entre eux. Les voies internucléaires sont localisées dans la bandelette longitudinale postérieure (faisceau longitudinal médian)
- Les **voies supra nucléaires** qui connectent les noyaux oculomoteurs aux centres corticaux

3. Implications clinico-thérapeutiques

▸ Atteinte du III

- Ptosis
- Paralysie de l'adduction, de l'abaissement et de l'élévation de l'œil
- Mydriase aréflexique

▸ **Atteinte du IV** : diplopie verticale, maximale dans le regard en dedans et en bas

▸ Atteinte du VI

- Diplopie horizontale, homonyme et maximale dans le regard en dehors
- Limitation de l'abduction avec convergence de l'œil au repos

▸ Ophtalmoplégie internucléaire

- Cause = SEP (sclérose en plaques) ++
- Déficit de l'adduction
- Convergence normale

▸ Syndrome de Parinaud

- Il s'agit d'une paralysie supra nucléaire
- Le patient présente une paralysie de la verticalité et une paralysie de la convergence

1. Introduction

▶ Le vertige est un symptôme fréquent surtout chez la personne âgée

▶ Le vertige est en rapport avec une atteinte du système vestibulaire

▶ Chez le patient présentant un vertige, il faut rechercher un nystagmus

▶ Le nystagmus est un mouvement oculaire involontaire avec une composante rapide et une composante lente (sens opposé)

▶ On caractérise un nystagmus par :
  - Sa direction : verticale, horizontale, rotatoire
  - Son sens : le sens du mouvement rapide par convention

2. Physiopathologie

▶ La fonction vestibulaire fait intervenir plusieurs éléments :
  - Le labyrinthe postérieur ou vestibule composé de :
    canaux semi-circulaires, utricule et saccule
  - Nerf vestibulaire et noyau vestibulaire
  - Les voies efférentes provenant du noyau vestibulaire, à destination corticale (intégration des informations provenant du système vestibulaire), oculomotrice (stabilisation du regard) et végétative (noyaux végétatifs du tronc cérébral)

▶ La vision et la proprioception participent aussi au maintien de l'équilibre du système vestibulaire

▶ Le syndrome vestibulaire périphérique est en rapport :
  - Soit avec une atteinte du nerf vestibulaire : névrite
  - Soit avec une atteinte du labyrinthe : maladie de Ménière, VPP

▶ Le syndrome vestibulaire central est en rapport :
  - Soit avec une atteinte du noyau vestibulaire : AVC, SEP, hématome
  - Soit en rapport avec une atteinte des voies cérébelleuses : AVC, SEP, hématome

3. Implications clinico-thérapeutiques

▶ Dans le **syndrome vestibulaire central**, le patient présente :
  - Un nystagmus vertical ou multidirectionnel++
  - Nystagmus non épuisable
  - Des signes neurologiques centraux
  - Un Syndrome vestibulaire dysharmonieux
  - À noter l'absence de signes cochléaires

▷ Dans le **syndrome vestibulaire périphérique**, le patient présente :
- Nystagmus unidirectionnel, horizonto-rotatoire
- Nystagmus épuisable
- Des signes neurovégétatifs associés (nausées, vomissements)
- Des signes cochléaires
- Syndrome vestibulaire harmonieux du côté sain : déviation des index et secousse lente du nystagmus, déviation axiale

▷ Imagerie cérébrale en urgence en cas de vertiges d'origine centrale

Item 277. Physiopathologie ascite et syndrome hépatorénal dans la cirrhose.

1. Introduction

▷ L'ascite est une complication fréquente de la cirrhose

▷ Sa présence est un tournant évolutif dans la maladie cirrhotique :
le taux de survie est alors de 50 % à 1 an, 30 % à 5 ans

▷ Le syndrome hépatorénal (SHR) est complication fréquente de la cirrhose avec ascite

▷ Le SHR est une insuffisance rénale fonctionnelle+++ survenant
le plus souvent dans le contexte de l'évolution d'une cirrhose sévère
avec hypertension portale et ascite

▷ L'incidence du SHR chez les patients hospitalisés pour ascite
est de 10 à 15 %

2. Physiopathologie

▷ Chez le patient cirrhotique, la présence d'un bloc intra-hépatique
va entraîner la survenue d'une vasodilatation splanchnique

▷ Cette dernière est responsable d'une diminution du volume sanguin artériel
efficace, entraînant :
- Une activation des volorécepteurs artériels et cardiopulmonaires
- Une activation des systèmes vasoconstricteurs (système nerveux
  sympathique et système rénine-angiotensine-aldostérone)
- Apparition de rétention sodée

▷ Ces phénomènes ont pour objectif de maintenir la pression artérielle
systémique, la rétention hydro-sodée étant localisée dans la cavité
abdominale par l'hypertension portale.

▷ Plusieurs facteurs contribuent à la survenue d'ascite dans la cirrhose
(cf. tableau 17)

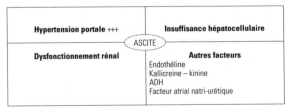

Hypertension portale +++	Insuffisance hépatocellulaire
ASCITE	
Dysfonctionnement rénal	**Autres facteurs** Endothéline Kallicreine – kinine ADH Facteur atrial natri-urétique

Tableau 17 : Facteurs contribuant à la survenue d'ascite

▶ L'algorithme suivant (figure 33) résume les mécanismes physiopathologiques impliqués dans l'ascite et le syndrome hépatorénal

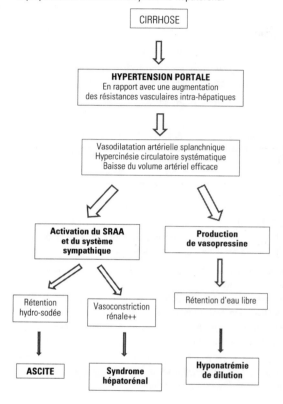

Figure 33 : Physiopathologie ascite et syndrome hépatorénal

▶ Le syndrome hépatorénal se définit par une diminution du débit de filtration glomérulaire sans hypovolémie, sans anomalie histologique rénale, chez le cirrhotique

3. Implications clinico-thérapeutiques

▸ 3 grades dans l'ascite

Grade	Définition	Traitement
Grade 1	Ascite discrète détectable uniquement par l'échographie	Pas de traitement
Grade 2	Ascite modérée avec distension modérée et symétrique de l'abdomen	Régime sans sel et diurétiques
Grade 3	Ascite abondante avec distension abdominale marquée	Réalisation de ponction et régime sans sel + diurétiques

Tableau 18 : Grades dans l'ascite

▸ **Facteurs déclenchant d'ascite**

- Apports sodés excessifs
- Médicaments favorisants la rétention sodée : AINS / vasodilatateurs
- Poussée évolutive de la maladie causale
- Hémorragie digestive
- Causes infectieuses
- Carcinome hépatocellulaire

▸ Dans la cirrhose, il faut analyser systématiquement la fonction rénale+++ et la fonction cardiaque

▶ **Critères diagnostiques majeurs du SHR** : tous les critères majeurs doivent être présents pour poser le diagnostic

CRITÈRES MAJEURS	
Diminution du DFG	Créatinine plasmatique > 130 μmol/L ou clairance de la créatinine < 40 mL/min
Absence de cause évidente	Absence d'état de choc, d'infection bactérienne en cours, de pertes liquidiennes et de traitements néphrotoxiques
Absence d'amélioration malgré le remplissage	Créatinine reste > 130 μmol/L ou clairance reste < 40 mL/min malgré arrêt des diurétiques et expansion volémique avec 1 500 ml de cristalloïdes
Pas d'anomalie rénale	Protéinurie < 0,5 g/L, pas d'uropathie obstructive à l'échographie rénale

Tableau 19 : Diagnostic SHR

▶ Critères mineurs du SHR

- Diurèse < 500 cc/j
- Natrémie < 130 mmol/l
- Natriurèse < 10 mmol/l
- Osmolalité urinaire > osmolalité plasmatique
- Absence d'hématurie

▶ Traitement préventif du SHR

- Expansion volémique recommandé après paracentèse > 2 litres
- Antibioprophylaxie au décours d'une rupture de VO (varices œsophagiennes)